3岁决定孩子的一生 ③

捕捉孩子的敏感期、关键期

云 晓/编著

朝華出版社

图书在版编目（CIP）数据

捕捉孩子的敏感期、关键期 / 云晓编著.—北京：
朝华出版社，2014.1
(3岁决定孩子的一生：启智珍藏版；3)
ISBN 978-7-5054-3634-3

Ⅰ.①捕… Ⅱ.①云… Ⅲ.①儿童教育-家庭教育
Ⅳ.①G78

中国版本图书馆 CIP 数据核字（2013）第 315752 号

3岁决定孩子的一生③（启智珍藏版）
捕捉孩子的敏感期、关键期

作　　者	云　晓
选题策划	王　磊
责任编辑	楼淑敏
责任印制	张文东
封面设计	荆棘设计

出版发行	朝华出版社
社　　址	北京市西城区百万庄大街 24 号　邮政编码　100037
订购电话	(010)68413840　68996050
传　　真	(010)88415258（发行部）
联系版权	j-yn@163.com
网　　址	www.blossompress.com.cn
印　　刷	三河市三佳印刷装订有限公司
经　　销	全国新华书店
开　　本	787mm×1092mm 1/16　　　字　数　165千字
印　　张	15
版　　次	2014年3月第1版　2014年3月第1次印刷
装　别	平
书　　号	ISBN 978-7-5054-3634-3
定　　价	29.80 元

版权所有　翻印必究·印装有误　负责调换

前言

为什么说"3岁决定孩子一生"？

古语云：玉不琢，不成器。

同理，子不教，不成材。

那作为父母，我们应该从什么时候开始教育孩子呢？

俄国著名生理学家巴甫洛夫说："在孩子出生后的第三天开始教育，你就迟了两天。"

相信父母们都听过这样一句俗话："3岁看大，7岁看老。"这句话并非空谈，科学研究显示，一个孩子在3岁之前（包括3岁左右）所受的教育，会影响到他未来的学习、事业、婚姻、家庭等方方面面，即3岁决定孩子的一生。因此，父母们只有把握好3岁——孩子教育的黄金期，才能把孩子培养成健康、优秀的人才。

● "3岁看大"的科学依据——3岁，决定孩子一生的性格

所谓"3岁看大"，指的是从3岁孩子的心理特点、言行举止，就可以预测出他们成年后的性格。

3岁在孩子的一生中真的会起到如此重大的作用吗？

对此，伦敦精神病学研究所的卡斯比教授曾做了一项长达23

年的实验，实验结果有力地证明了"3岁看大"这一说法，并在当时的教育界引起了世界范围的轰动。

实验是这样的：1980年，卡斯比教授连同伦敦国王学院的精神病专家对1000名3岁幼儿的性格进行了分析，并将他们的性格总结为5种类型：充满自信型、良好适应型、沉默寡言型、自我约束型和坐立不安型。

2003年，当年那些3岁的孩子都已经26岁了，卡斯比教授再次找到他们，分别对他们的性格进行了观察分析，结果发现：

"充满自信型"——小时候他们活泼、热心，性格外向，成年后他们依然开朗，更难得的是，他们中的大多数还坚强、果断，成为了某个小群体的"领导人"。

"良好适应型"——小时候他们自信、自制力强，自己能够很好地解决问题，长大后，他们的性格依然如此。

"沉默寡言型"——当年他们或胆小，或害羞，或不善表达，成年后，他们仍然不愿向别人敞开心扉，他们或多或少在人际交往中存在一定的困难，轻易不敢尝试那些有挑战性的事情，属于地地道道的"默默无闻类"人群。

"坐立不安型"——这种类型的孩子注意力特别容易分散，而且行为消极，长大后，他们极易发火或烦躁。周围人对他们的评价多是：心胸狭窄、脾气暴躁、不好相处，做事易走极端。

"自我约束型"——这类孩子从小就能很好地控制自己的欲望，管住自己的行为，长大后依然如此。

3岁时的性格竟然与成年后的性格如此出人意料地一致，这一结果让卡斯比教授非常震惊，但与此同时，他也更加坚信了对"3岁看老"这一结论的认同。后来，卡斯比教授在他的研究报告中指出，别以为3岁之前的孩子小，什么都不懂，事实上，他们的大脑像海绵一样从周围环境中吸收着成长的营养。也就是说，3岁之前是孩子性格及能力培养的关键期，这一阶段的孩子处在什么样的成长环境中，接受什么样的教育，就会形成什么样的性格。周围人是暴躁的、愁眉苦脸的，他就会是抓狂的、悲观的；周围人是开心的、积极向上的，他就会是乐观的、进取的。

这就如同老卡尔·威特所打的一个比喻：**人如同瓷器一样，小时候就形成了他一生的雏形。幼儿时期所受的教育就好比制造瓷器的黏土，给予什么样的教育就会形成什么样的雏形。**

所以，父母一定要抓住孩子3岁之前这个关键期，给孩子一个好性格，给孩子一个好未来！

● 3岁前，孩子大脑潜能开发的关键期

在教育界存在着这样一个法则——"儿童潜能递减法则"，即：随着年龄的增长，儿童身上可供开发的潜能是呈递减趋势的。

针对这一法则，某教育学家曾举了这样一个例子：一个生来具备100度潜在能力的儿童，如果从他一出生就对他进行理想的教育，那么他就可能成为一个具备100度能力的成人。如果从2岁开始教育，即便教育得非常出色，那他也只能成为具备80度能力的成人。而如果从4岁开始教育的话，即使教育得再好，他也只能发挥出60度的能力。也就是说，教育开始得越晚，孩子的潜能开发就越不完善。

近期，脑科学和生命科学的最新研究又为这一法则提供了有力的证据。研究表明：3岁之前是一个人大脑发育的重要时期。一个人出生时脑重只有370克；第一年年末时，婴儿脑重就已经接近成人脑重的60%；第二年年末时，婴儿脑重约为出生时的3倍，约为成人脑重的75%；到3岁时，婴儿脑重已接近成人脑重的范围，以后发育速度就变慢了。

虽然大脑发育速度变慢并不意味着大脑发育完全停止，但3岁之后的孩童大脑就如同计算机一样——硬盘的容量以及格式几乎

已经定型，剩下的就只等待编程了。

所以，开发孩子的潜能一定要抓住3岁前（包括3岁左右）这个黄金关键期，越早开始，孩子的潜能开发就越充分。

那么，对于那些年龄尚小的幼儿，父母该如何开发他们的潜能呢？

其实，这一年龄段的孩子大脑潜能开发有一个非常重要的前提，那就是——必须处在充满安全感的成长环境之中。

举个简单的例子：有两个幼儿，一个终日生活在争吵、烦闷的成长环境中；一个则在开心、快乐的环境中生活。这两个孩子长大后，哪个智力更高？

当然是后者。

因为幼儿期的生活经历会极大地影响他们的大脑发育，即大脑神经细胞之间的联系。终日生活在争吵、紧张的环境中，孩子处理问题的能力就会变弱，而且不易控制自己的情感。而生活在开心、快乐环境中的孩子，他们更愿意与周围人交流，与人相处及处理问题的能力也相对较强一些。

● 3岁前，孩子一生不可错过的学习关键期

相信父母们在生活中都有这样的经验：

因为从小没有学过音乐，很多孩子终其一生五音不全；

因为小时候没有学过舞蹈，孩子长大后再想学，却发现身体过分僵硬，进而失去了学舞蹈的资格；

因为从小没学过美术，很多孩子对美的事物欠缺深入的感受；

……

这是为什么呢？

因为这些孩子错过了人生最珍贵的学习关键期。上述事实告诉我们，如果错过学习能力发展的关键期，也许就会造成孩子一生都不能弥补的遗憾。

所谓"关键期",是指最易学会和掌握某种知识技能、行为动作的特定年龄时期。在教育界,也有专家把它称为"敏感期"。在关键期对孩子进行及时的教育,孩子学起来容易,学得也快,能够收到事半功倍的效果,但如果错过关键期再去学,就要花费很多的精力和时间,事倍功半。

意大利著名的女教育家蒙台梭利在长期与儿童的相处中,发现儿童学习的关键期主要集中于0~6岁这一年龄段,其中0~3岁这一年龄段最为集中。

◇ 出生后6个月是婴儿视觉、听觉发展的关键期,同时也是学习咀嚼和吃干食物的关键期;

◇ 1~2岁是肌肉协调能力发展以及学习走路的关键期;

◇ 2~3岁是数数能力以及建立数学思维的关键期;

◇ 2~3岁是学习语言的关键期,同时也是建立时间和空间感的关键期;

◇ 2.5~3.5岁是培养孩子规则意识的关键期;

◇ 3岁左右是培养孩子动手能力以及独立生活能力的关键期。

另外,在医学界有这样一种奇怪的现象:先天性白内障失明的患儿,如果超过5岁做手术,虽然可获得视力,却不会辨认东西。这是因为眼睛看到东西后,视觉信息虽进入大脑,但大脑已失去将信息变成图像的能力。

这个医学事实再次证明,0~3岁是孩子学习能力发展的关键期,在这一阶段,如果父母不及时开发或培养孩子的某项能力,孩子的潜能也许就会永远被埋没。

所以,父母在对孩子进行早期教育时,一定要抓住3岁前这个不可错过的学习关键期。

● **3岁前,孩子规则意识建立的关键期**

有的孩子很小就懂得玩滑梯要排队,有的孩子却"唯我独

尊",事事都由着自己的性子来;

有的孩子动不动就用暴力解决问题,而有的孩子却明白用规矩和法律约束自己的行为;

有的孩子看到新款的玩具就向父母提要求,有的孩子却懂得:我已经有玩具了,不能再买了。

……

有些孩子严格按照规则做事,而有些孩子却总做些违反规则的事情,这是为什么呢?

研究表明,这与孩子从小建立的规则意识有关。

对此,卡斯比教授表示:在0~3岁,父母的期望、行为和一些生活标准会被孩子内化为自己的期望和规则系统。也就是说,此时父母是否有意识地向孩子灌输规则意识,将在很大程度上决定孩子一生对规则的认识。

对于孩子的一生来说,3岁的确是个特殊的阶段,此时他们的思维发展进入了巩固、稳定时期,他们开始懂事、听话了。但伴随着自我意识的觉醒,他们也开始进入了人生中的第一个"叛逆期",不停地说"不",不停地挑战父母的底线。而此时父母对孩子的态度,将会决定他成为什么样的人。

溺爱孩子、纵容孩子,孩子就会为所欲为,长大后就会成为一个藐视规则、无视法律的人!

坚持原则、引导孩子,孩子就会形成规则意识,长大后就会成为一个懂规则、有理智的人!

没有规矩不成方圆。没有原则、不遵守规则的人是不会有多大出息的。所以,从3岁左右起,父母就要开始培养孩子的规则意识了。

● **3岁前,孩子情商培养的奠基期**

所谓情商,即情绪商数,包括自我认识、情绪管理、自我激励、了解他人和社会交往。在评价情商高低时，一般将其具体分为"自信心""爱心""独立性""竞争意识""乐观""诚实""交往合作""意志力""目标性"等9项。

科学研究表明：3岁前，是孩子大脑细胞最活跃的时期，也是孩子情感、情绪发育的关键时期。在这一时期，父母有意识地培养孩子的情商，不但有利于孩子形成完美的性格，而且也有助于为孩子未来的成功打下良好的基础。

现代心理学研究表明，一个人能否成功，80%在于情商，智商只占20%。

如果一个孩子从小性格孤僻、不易合作、自卑、脆弱、不能面对挫折、急躁、情绪不稳定，那么就算智商再高，他也很难取得成就；反之，情商高的孩子自信、积极、喜欢与人交往……这样的孩子无论走到哪里都是受欢迎的。

0~3岁是儿童性格、习惯、意志、品质形成和发展的第一关键期。把握好这段黄金时期，对孩子进行充分的情商教育，就能为孩子奠定积极健康的性格基础，从而达到事半功倍的效果！

美国心理学家曾对1500位2~3岁的孩子进行了长期的观察训练，对其中一部分孩子进行情商教育，而对另一部分孩子则任其自由发展。20年后，心理学家发现：凡是在3岁之前受过情商培养的孩子，在学习成绩、人际关系及未来工作表现和婚姻状况等方面，均优于未受过情商教育的孩子。

由此，心理学家得出这样一个结论：3岁前是孩子性格、习惯的萌芽期，同时也是对其进行情商教育的关键期。一个高情商的孩子一定是自信、乐观、不怕失败的，思维活跃并有创造力，具有获取成功和幸福的能力。而这些，才是真正能让孩子享用一生的财富！

综上所述，无论是从性格培养、大脑发育、智力开发、身心健康、情商培养，还是从习惯、品质的养成教育等方面来说，3岁都是孩子一生中的关键时期，所以，父母一定要抓住这一黄金时期，给予孩子科学、适当的教育。

而这也正是我们这套"3岁决定孩子的一生"丛书的写作原则和最终目的——为父母们提供最及时、最实用、最科学的早期教育指导！

本套丛书共分3册：

《3岁决定孩子的一生1（启智珍藏版）——蒙台梭利的早期教育智慧与方法》既阐述了蒙台梭利早期教育的理论，又详细地告诉父母们如何对孩子进行养成教育和潜能开发。

《3岁决定孩子的一生2（启智珍藏版）——卡尔·威特的天才教育智慧与方法》老卡尔·威特和小卡尔·威特都强烈认同，只要教育得当，再平凡的孩子也能变成天才。而本书就是详细地指导家长如何运用卡尔·威特的天才教育法。

《3岁决定孩子的一生3（启智珍藏版）——捕捉孩子的敏感期、关键期》人生不可能重新来过，孩子成长的敏感期一旦错过再也不会重来，本书将指导父母们在早期教育中发现并抓住孩子的敏感期，给孩子最及时、最科学的教育。

本套书以"3岁决定孩子的一生"为指导思想，其中既有系统的科学理论阐述，又有详细的、取之即用的操作方法，是父母们进行早期教育最贴心、最实用的参考书。

最后，祝愿天下父母都能培养出聪明、健康、高情商的好孩子！

云 晓

第一章　0~2岁半

① 视觉敏感期　/4

　　了解孩子在视觉敏感期的表现

　　给孩子提供科学的视觉环境

② 听觉敏感期　/13

　　听觉刺激与视觉刺激同时进行

　　用科学的方法促使孩子的听力"更上一层楼"

　　用"妈妈腔"来锻炼孩子的听力

③ 口和手的敏感期　/24

　　深刻了解"孩子用口去认识世界"这个概念

　　让孩子尽情地去释放"手"

④ 渴望爱的敏感期　/37

　　给孩子无条件的爱

　　通过语言让孩子感受到你的爱

　　在给孩子爱的同时，也让孩子学会表达爱

⑤ 行走的敏感期 / 50

正确看待孩子的走楼梯现象

让孩子在自由探索中提升能力

⑥ 语言的敏感期 / 57

了解孩子在语言敏感期的特殊表现

了解孩子语言能力的发展历程

引导孩子用语言代替哭泣——转换孩子的思维方式

第二章 2~3岁左右

① 空间敏感期 / 76

做孩子背后那个"默默无语"的欣赏者

引导孩子玩一些具有空间感的游戏

② 关注细小事物的敏感期 / 88

了解孩子关注细小事物行为背后的心理原因

给孩子创造机会,让孩子体验观察的乐趣

引导孩子去观察大自然,提高孩子的观察能力

③ 秩序的敏感期 / 97

通过"重复"让孩子体验秩序所带来的快感

利用秩序的敏感期引导孩子养成好习惯

④ 模仿的敏感期 / 108

漠视孩子的不良模仿,并做出好的表率

读懂孩子的语言,并给孩子以鼓励

⑤ 自尊的敏感期 / 116

和孩子平等对话

给孩子制造成功的机会

第三章　3岁左右

1. 审美和追求完美的敏感期 / 130
   了解孩子在追求完美的敏感期的表现
   给孩子自由，让孩子拥有自信

2. 自我意识萌发的敏感期 / 140
   千万不要误解孩子的行为
   正确看待孩子的"自私"行为
   用"妙招"促使孩子的自我意识健康发展

3. 执拗的敏感期 / 154
   在执拗敏感期，尽量满足孩子的要求
   父母双方的教育意见一定要统一

第四章　4岁左右

1. 情感表达的敏感期 / 167
   允许孩子自由地表达情感
   满足孩子的情感需求

2. 人际关系的敏感期 / 178
   用正确的态度对待孩子的分享、交换行为
   给孩子精神上的支持

第五章　学习的敏感期

1. 阅读和书写的敏感期 / 194
   阅读敏感期——在孩子很小的时候就有意识地为他们读书
   书写敏感期——让孩子体会到成就感

② 数学敏感期 /204

　　通过实物让孩子了解数与数之间的关系

　　耐心等待孩子数学敏感期的出现

③ 绘画和音乐的敏感期 /213

　　绘画敏感期——给孩子足够的自由

　　音乐敏感期——给孩子提供良好的音乐环境

第一章

0~2岁半

在一般家长的观念中,认为对于0~2岁半的孩子,只要让他们吃饱了、身体舒适了,他们就会健康、快乐地成长。然而,事实并不是这样的。

一次,一位家长很急切地打电话给我,说她的孩子已经4个月大了,最近迷恋上了"吃手",她怕孩子的这种行为把细菌带到肚子里,所以每当孩子"吃手",她都会阻止孩子,但每次孩子都又哭又闹,就像"受了多大委屈一样"。

其实,孩子真的是受了委屈。孩子喜欢上了吃手,这说明他进入了口腔敏感期阶段,正在用他唯一能工作的器官——手,去探索、认识他自己以及周围的世界。但家长却阻止了孩子的这种探索,孩子自然会感到着急和不满,所以,在这种情况下,孩子表现出哭闹行为还是小事,如果家长因此影响了孩子潜能的开发以及心理的健康发展,那就是大事情了。

在0~2岁半这一阶段,孩子还会出现很多问题,关于此,我们可以来听听这一阶段家长们的烦恼:

"我家孩子最近喜欢上了抓香蕉,弄得身上总是脏兮兮的,不让他抓就哭。"

"我家孩子长脾气了,他常常把桌子上所有的东西都摔到地上,自己还坏坏地笑!"

"我家孩子最近总是咬人,还打人,真不知道他是怎么了!"

"我家孩子真是吹毛求疵,苹果上有个黑点儿他都不吃!"

……

其实,家长们的这些烦恼都是孩子正处在敏感期的表现。家长们千万不要小看孩子的敏感期,敏感期是潜能开发的最佳时期,与孩子的智商高低有着直接的关系。就拿母语的学习来说,3岁之前是孩子语言发展的敏感期,在此期间,孩子可以毫不费力地就学会语言。但如果错过了这一时期,即使孩子以后付出数倍的努力,也不一定能取得满意的成果。

对于每个孩子来说,敏感期都是奇妙的,更是珍贵的。

那么,在0~2岁这一阶段,孩子会经历哪些敏感期呢?家长如何才能判定孩子进入了敏感期,又如何才能把孩子的潜能最大程度地激发出来呢?

在本章中,针对这些问题,我将为您做详细的解答。

① 视觉敏感期

在蒙台梭利大师的著作中，记载了这样一个案例：

生物学家们发现了一个有趣的现象，雌性蝴蝶本能地把卵产在树枝和树干交接的地方，因为这个地方既安全又隐蔽。但刚刚出生的幼虫却总是爬到树枝的顶端去吃树梢上的嫩叶。

为什么会这样呢？难道这些蝴蝶幼虫刚刚出生就懂得树干上的叶子少汁难食，而树梢上的叶子鲜嫩可口吗？

生物学家很快就推翻了这个结论。因为在隐蔽的树枝和树干交接处，即使把那些嫩叶送到这些幼虫面前，它们也不会吃。为什么会这样呢？

生物学家很快就揭晓了这个秘密：蝴蝶幼虫的这一举动完全来自于它们对光的敏感。当幼虫出壳时，它们对光线非常敏感，常常会朝着树梢最明亮的地方爬去。也恰巧是在那里，它们发现了自己赖以生存的食物——树梢嫩叶。但当幼虫对光的敏感失去之后，虽然它们在很长一段时间内仍然还会以嫩叶为食，但这时他们所觅食的嫩叶就不再仅限于树梢上的嫩叶了。

看，这就是敏感期的神秘作用。其实，不仅仅是蝴蝶的幼虫存在对光的敏感期，刚刚出生不久的婴儿也存在对光的敏感期。刚出生的婴儿视力发展很不完善，但他们的眼睛可以看到一个模糊的、明暗相间的世界。所以，这一时期的孩子对黑白相间、明暗反差很大的地方特别感兴趣。

一位妈妈曾这样讲述：

当女儿3个半月大的时候，我抱她在楼下的一棵大树下乘凉。这时候，女儿表现得特别乖，不哭也不闹，而且眼睛一直在目不转睛地看着她的上方。

"这小妮子在看什么呢，看得这样入神？"我从心里这样问自己。顺着她的视线看去，我惊讶地发现，透过树叶间的缝隙，可以看到很多斑驳的光点，光点和树叶正好形成了明暗的对比，孩子正是被这种景象吸引了。

孩子刚刚出生之后，很多家长喜欢给孩子买一些颜色鲜艳的气球，还美其名曰"吸引孩子的注意力，锻炼孩子的视力"。但实际上，由于婴儿视力的发展很不完善，再加上他们只对明暗反差很大的地方感兴趣，所以在很多时候，那些颜色鲜艳的气球对孩子视力的发展并不会起太大的作用。因此，为了发展孩子的视力，家长与其给孩子买颜色鲜艳的气球，还不如给他们买黑白相间的气球。

读到这里，也许有家长会这样说："到了一定年龄，孩子的视力自然而然就会发展，家长根本没有必要有意识地去开发孩子的这种能力。"

但是，家长的这种观点是非常不科学的。敏感期不仅代表着孩子的心理需求，而且还常常会影响他们智力的发展。

一位医生曾经历过这样一件事：

一个孩子的一只眼睛患有先天性的白内障，但在做了白内障摘除手术之后，眼睛仍然没能复明。

医生怀疑这与孩子视力的敏感期有关。之后，他与另一名生物学家一起做了这样一个试验：用纱布把一只新生的小猫和一只成年小猫的眼睛蒙上，半个月后，再同时把它们的纱布拆下来。结果却是：新生的小猫失明了，而成年小猫很快就恢复了视力。

为什么会出现这一结果呢？

我们都知道，不管是人类还是其他动物，在生命的初期，大脑以及大脑的功能都在构建之中。确切来讲，各种感觉，如视觉、听觉、触觉等，都与大脑中相应的神经中枢联系在一起。就拿上述试验中那只刚刚出生的小猫来说，当它的眼睛很自然地感受到光时，它的眼睛就会通过视神经与大脑建立联系，很快就具备了"看东西"这一功能。但由于它出生后就被蒙上了眼睛，所以它的眼睛没有办法与大脑中特定的神经中枢建立联系。等到它的视觉敏感期消失之后，即使眼睛上的纱布被拆下来，它的眼睛也永远都会处于失明状态，因为它大脑中主管视觉的结构根本就没有被激活，它的大脑也就接收不到眼睛所传来的信号。

所以，由这个试验，我们也可以得出这样一个结论：孩子的敏感期与其大脑发育以及智力的发展有很大关系。

具体来讲，孩子的视觉敏感期要从出生延续到半岁左右，家长可以利用这一敏感期来发展孩子的视力，开发孩子的智力。具体来讲，家长可以参照以下几个方法：

● 了解孩子在视觉敏感期的表现

> → 婴儿刚出生时更喜欢看黑白相界的地方，而不是人们通常认为的彩色气球
> → 利用语言，激发孩子的视觉能力

出生后的第一个月，孩子大部分的时间都是在睡眠中度过的，在这一时期，他们很少对事物产生兴趣。但随着时间的推移，孩子睡觉的时间明显地减少了，而且他们可以盯着一个方向看上很长时间。

一位家长曾这样讲述：

当孩子1个半月大时，他吃奶时不再总闭着眼睛了，而是固定地瞅着某一个方向。一次，我顺着他的视线看去，发现他正在瞅饮水机，我以为他对饮水机上的花布感兴趣，便把那块花布拿走了。但花布拿走之后，他仍然在瞅饮水机，了解了孩子视觉的敏感期之后，我才知道，他是对饮水机投在白墙上的影子产生了兴趣。

当孩子3个月大时，他吃奶已经不再像以前那样专心了，会不停地这儿看看、那儿看看，当我拿着某个物体在他面前不停地晃动时，他已经能够集中注意力盯着这个物体看了。

是的，心理学研究表明，在视觉敏感期，黑白对比明显的物体、运动的物体等，最容易吸引和维持孩子的注意力。

随着时间的推移，孩子的视觉能力也在发展。刚开始时，孩子的视觉是模糊的，他们只能看清楚那些黑白反差很强烈的事物，但随着年龄的增长，孩子慢慢地就可以看清楚他周围的物体了。例如，在某一时期，孩子能够认出妈妈或照顾他的人，并且开始有意识地选择观看周围的人。在这一时期，孩子视觉发展的最明显标志就是，看到妈妈就微笑，看到陌生人就哭泣。

随后，孩子不仅能看到周围的物体，而且还能看到远处的物体，他们的视线范围在不断扩大。这时，他们开始越来越多地主动用眼睛去看物体。例如，当妈妈抱起孩子，他们的眼睛开始有意识地观察周围，并且很有可能会对远处的某个玩具产生兴趣，并不停地盯着它看。

其实，这个时候是家长锻炼孩子视力和认知能力的最佳时刻。此时，孩子能够长时间地盯着某个事物看，这种专注的精神和注意力，就是孩子认知能力的基础。此时，家长可以通过语言沟通的方式来促进孩子认知能力的发展。

一位家长这样分享经验：

当孩子6个月大时,他忽然对自己的手、脚产生了兴趣。刚吃完奶或刚睡醒觉,孩子都会高兴地手舞足蹈。这时,他一般都会先把手放入嘴中吮吸半天,又放在眼前不停地看,趁这个机会,我就会拿着他的小手在他眼前晃动,并对他说:"这是宝宝的小手,手是用来抓握东西的,来,宝宝用手来抓妈妈的手指。"在我的帮助下,孩子总能成功地抓住我的手指,每当这时,他都会发出"咯咯"的笑声。

当然,对于几个月大的孩子来说,他们也许听不懂家长的语言。但这有什么关系呢,当家长不停地晃动孩子的小手,并帮助他用小手抓握自己的手指时,孩子能够更清楚地观察自己的手,并了解手的功能。在这个过程中,不仅孩子的智力在发展,他们的认知能力也在发展。

人们常说"眼睛是心灵的窗户",但在这里,我要说的是,人类的视觉是其他感觉的基础,在视觉的基础之上,我们的触觉、听觉等才更直接、更具体。所以,家长们一定要抓住孩子视觉发展的敏感期,培养孩子的视觉能力,进而发展孩子的认知能力。

● 给孩子提供科学的视觉环境

> → CD光碟,更能吸引孩子的注意力
> → 大头娃娃,教孩子认识五官
> → 镜子,最好摆放在孩子的床侧

在出生后前两个月的时间里,孩子睡觉的时间比清醒的时间要多得多。在这一时期,家长不要有意打扰孩子的睡眠,只要让孩子自然睡自然醒就可以了。但随着时间的流逝,如果孩子仍然对外部世界不感兴趣的话,家长就要有意识地调动孩子的积极性,并鼓励他们去探索外部世界。

一次，我去拜访一个朋友，发现朋友卧室的墙上贴着两排CD，我问朋友是怎么回事，朋友回答道："我家闺女最爱'看碟'。"

原来，一次偶然的机会，朋友拿着一张CD给5个月大的女儿看，没想到这小家伙竟安静地看了十多分钟，并且此后每当看到CD光碟，她就会露出笑容。

因此，朋友想到了一个好办法，她把家里所有的光碟都翻了出来，并贴在墙上。这样，每当抱起孩子，孩子就能轻易地看到光碟。朋友还常常把那些光碟摆成不同的形状，孩子对那些光碟可说是百看不厌。

其实，不管朋友有没有意识到，她的这种做法实际上就是在培养孩子的视觉。5个月大的孩子之所以会对CD光碟感兴趣，是因为他们正处于视觉的敏感期。在这一敏感期，孩子对明暗对比强烈的事物感兴趣、对运动的事物感兴趣，而光碟恰恰都能满足孩子的这一需求。因为从不同的角度来看，CD光碟常常会呈现出不同的颜色、明暗，并且能够像投影仪一样折射出不同的物体，所以，它在很大程度上能够长时间地吸引孩子的注意力。

当孩子的视觉范围稍微扩大之后，家长们都可以采用这个办法来培养孩子的视觉能力。把CD光碟贴在墙上，摆成不同的形状，让孩子观察。这对于孩子视觉能力的发展有很大的帮助。

除此之外，在这一敏感期，为了发展孩子的视觉能力，家长还应该给孩子创造更丰富的视觉环境。例如，在房间的墙上和桌子上挂起或摆放各种各样的玩具，引导孩子观察不同颜色的窗帘和床单等。

当然，在培养孩子的视觉能力之外，家长还应该有意识地发展孩子的认知能力。

一位妈妈这样分享经验：

我给孩子买的婴儿床是可以调节倾斜度的，当孩子4个月大时，我常常使孩子与地面呈30°角倾斜躺着，这样孩子就能看到周围环境中更多的事物。

当然，为了锻炼孩子的视觉能力，除了在他的床里挂一些小玩具之外，我还特意给他买了一个特殊的洋娃娃。与一般的洋娃娃相比，这个洋娃娃就像动画片《大头儿子与小头爸爸》中的大头儿子，它的头很大但身子很小，我常常用这个洋娃娃来教孩子认识人的五官。例如，我指着洋娃娃的鼻子对孩子说："宝宝，这是鼻子，妈妈和宝宝都有鼻子，瞧，这是妈妈的鼻子。"之后，我又指着宝宝的鼻子说："这是宝宝的鼻子。"每当这时，孩子都会边笑边"啊啊"地回应我。

五官清晰并分布合理的娃娃是孩子视觉敏感期的好玩具

其实，对于半岁之前的孩子来说，家长很有必要给孩子买一个五官分布很合理的洋娃娃，因为当孩子的视觉能力得到发展之后，他们最先感兴趣的就是周围人的五官。家长可以利用这样一个洋娃娃，来认真地教孩子认识五官。

当然，在这一时期，宝宝房间里最不可少的工具就是镜子，镜子是培养孩子视力以及发展孩子认知能力的最好工具。

一位家长这样总结经验：

当我家孩子7个月大时，每当看到镜子里的自己，他都变得非常兴奋，并挣扎着去摸镜子。这时，我就会指着镜子里的孩子对他说："宝宝，镜子里的宝宝是谁呀？我们跟他打个招呼吧。"

当孩子再稍大一些，每当抱他照镜子时，我就会这样对他说："你看，镜子里宝宝的小鼻子多可爱呀，你的小鼻子在哪里呀？"当孩子去指自己的鼻子时，他惊奇地发现，镜子里的宝宝也在指自己的鼻子。这样的情况多了，孩子渐渐意识到了镜子里的宝宝就是他自己，并大概了解了镜子的功能。

当孩子开始对人的五官感兴趣时，镜子会成为他们视觉以及认知能力发展的最好工具。一位家长曾在6个月大孩子的床头挂了一面镜子，她发现，孩子常常会翻过身去，抬着头"欣赏"镜子中的自己。正是这面镜子，孩子翻身及抬头的能力明显比同龄的孩子要强。

镜子是宝宝视觉及认知能力发展的最好工具

当然，可想而知，在这一过程中，孩子的视觉及认知能力也会得到很大程度的发展。所以，在孩子的视觉敏感期，家长一定要利用好镜子这个工具，来提升孩子的整体能力。

最后，我们来做一下小小的总结。为了在视觉敏感期，发展孩子的视力，并提高孩子的认知能力，我们需要准备这样几件"道具"：

※ CD 光碟，可贴在墙上，并摆出不同的造型。

※ 大头娃娃，五官清晰并分布合理。

※ 一面镜子，最好摆放在孩子的床侧。

② 听觉敏感期

大多数的家长都想知道这样一个问题:"刚刚出生的婴儿具有听觉能力吗?"

答案是肯定的。科学家们曾做过这样一个试验:

对刚刚出生不久的小宝宝用铃声和嗡嗡声做刺激。当在他右侧的铃声响起时,家长让他吮吸糖水;当在他左侧的嗡嗡声响起时,家长不让他吮吸糖水。就这样坚持一段时间,当铃声响起时,他就会把头转向右边,但当嗡嗡声响起时,他却不做任何反应。

由这个试验,科学家们得出了这样一个结论:刚刚出生的婴儿已经具备了一定的听力。在这一时期,如果家长有意识地对孩子进行听觉刺激,孩子的听觉能力就会迅速提高。

但是,在我们周围,有相当一部分家长持有这样的观点:"刚刚出生的孩子怕吵,家长应该尽量为他们提供安静的环境。"其实,家长的这种观点是不正确的,0～2岁这段时间,是孩子感觉系统发展的敏感期。也就是说,如果家长总是有意为孩子营造无声的生长环境,由于孩子听觉系统总也受不到刺激,他们很可能永远都处于对声音不敏感的状态。

由于新生儿的听觉系统还没有发育完善,他们对于弱小的声音常常反应迟钝,只有相当大的声音才会引起他们的注意,因此,家长在对孩子进行听觉刺激时,必须提高音量,并尽量靠近他们。

读到这里，也许有家长会这样说："我家孩子刚刚出生，但他似乎对声音一点儿也不敏感，好像什么都听不到，我该怎么办呢？"

其实，即使在听觉敏感期，孩子也常常会表现出对声音不敏感的情况。在这些情况下，家长不要着急，而应先询问医生，然后根据医生的建议再采取具体的措施。

一位家长讲述了这样一件事情：

儿子出生7天后，医生为他做了听力测试，结果没有通过，但医生却安慰我们，只有复查后才能确定孩子的听力是否存在问题。当时我们全家人都非常担心，生怕儿子以后会成为聋哑儿。所以，我们尽量为他提供自然的听觉刺激。

例如，在他睡觉时，我们不会有意保持房间的安静，而是跟平常一样走路、倒水、说话……尽量让他处在非常自然的听觉环境中。

在给他喂奶或换尿布时，只要他睁着眼睛，我就会跟他说话，给他讲他自己以及他周围的事物。

偶然的一天，姐姐带着她5岁的女儿来看儿子。当时儿子正在睡觉，但他的小表姐却不小心打开了手中电子玩具的开关。也许这个声音来得太突然，儿子吓得抖了一下，然后就大声地哭起来。我们非常高兴，因为这证明他有了听力。第二天，我们立刻带儿子去复查，果然，儿子的听力很正常。

事实上，刚刚出生不久的婴儿对声音不敏感，原因是多方面的，家长不能因此而断定孩子的听力有问题。例如，在孩子出生时，妈妈肚子里的羊水进到他们耳朵里去了，他们的听觉发育迟缓等，这些都会使孩子对声音不敏感。但家长不必着急，随着时间的推移，孩子耳朵里的羊水会被吸收或蒸发，不会长时间地影响孩子的听力。当然，如果家长能采用科学的方法去刺激孩子的听觉，孩子发育延缓的听觉很快就会赶上正常的孩子。

案例中，家长刺激孩子听觉的方法非常科学：为孩子提供自然的听觉环境、对孩子讲话等，这些都是发展孩子听力的科学方法。

我们都知道，正常的听力是孩子进行语言学习的前提。一般来讲，听力正常的孩子在4~9个月，最迟不超过11个月大时就已经会牙牙学语了。但存在听力障碍的孩子由于缺少语言刺激和感知环境，常常不能在11个月前进入牙牙学语期。我们都知道，3岁之前是孩子学习语言的重要敏感期，如果孩子不能在这一重要敏感期接受语言刺激，那孩子就很有可能变成一个"聋哑儿童"。所以，我们必须在孩子生命的最初期就进行听力测试，这样才能及时发现问题并及时处理。

除此之外，在孩子听觉的敏感期，家长还可以采用以下几种方法来发展孩子的听力：

● 听觉刺激与视觉刺激同时进行

> → 利用各种能发声的漂亮玩具
> → 在孩子的耳边摇晃小铃铛

0~2岁这一阶段，既是孩子视觉发展的敏感期，又是他们听觉发展的敏感期，因此，在这一阶段，家长不仅要有意识地对孩子进行视觉刺激，还要为他们提供丰富的听觉环境。

其实，在孩子刚刚出生时，他们的视觉和听觉常常是"各司其职"的，对外界的刺激还不能做出一致的反应。所以，此时家长最科学的做法就是，对他们的听觉刺激和视觉刺激同时进行，这样做不仅可以提高孩子的反应灵敏度，而且还可以促使孩子的听觉和视觉协调发展。

0~2岁这一阶段,也是孩子听觉发展的敏感期

一位家长曾这样讲述:

女儿3个月大的时候,醒着时总会不停地哭闹。起初,我以为她是饿了,便不停地给她喂奶,但往往是吃饱后不到5分钟,她又会哭闹起来。没有别的办法,我只好抱着她在房间里来回走,这个方法很有效,每当这时,女儿就会安静下来。

但问题是,只要我把她放下,或只是抱着她不走动,这小丫头又会哭闹起来。我在心里对自己说:总不能就这样一直抱着她走动吧?得想个既轻松又能吸引女儿注意力的方法才行。

趁一次外出购物的机会,我给女儿买了一个漂亮的电子小熊,每当拍动小熊的屁股时,它就能一边晃动,一边发出不同的音乐。于是,每当女儿哭闹时,我就拿这个玩具给她看、给她听,这时女儿就会停止哭闹,还睁大眼睛,专注地寻找那个能发出声音的漂亮小玩具。

总之,有了这个玩具,女儿哭闹的次数明显减少了。

这位家长的做法非常科学。对于3个月大的孩子来说，悦耳的音乐和漂亮的事物确实能够吸引他们的注意力。因此，为了训练孩子的听觉能力和视觉能力，家长可以利用各种能够发声的漂亮玩具，如音乐盒、摇铃、拨浪鼓以及各种形状的捏响玩具等，来刺激孩子的听觉和视觉。

在听觉敏感期，孩子对悦耳的声音是非常感兴趣的

一位家长是这样锻炼孩子的视力和听力的：

当孩子2个月大时，她在孩子的右耳旁10~15厘米处摇晃一个漂亮的小铃铛，这时，孩子的头就会转向右方，接着又会用眼睛寻找发出声音的物品。这时，她就会对孩子说："宝贝，你看到什么了，妈妈告诉你，这是一只小铃铛，一只能发出声音的小铃铛。"待到孩子的头转向正前方之后，她又在孩子的左耳旁摇晃铃铛，这时孩子的头和眼睛又会转向左方。就这样反复几分钟之后，她就会让孩子休息一会儿。

在听觉敏感期，孩子对悦耳的声音是非常感兴趣的。当他们哭闹时，悦耳的铃声和音乐是吸引他们注意力的最好工具。上述案例中家长的做法非常科学，在让孩子听铃声的同时，她还用晃动小铃铛的方法来吸引孩子视觉的注意力，来促使孩子转头。其实，这也在不知不觉中锻炼了孩子的颈部骨骼和肌肉。

除此之外，家长还可以用拍手、学各种动物的叫声等来吸引孩子的注意力，促使孩子寻找发声源，从而提高孩子的反应速度。

当然，在这一过程中，需要家长注意的是，对孩子进行听觉

刺激的铃声和音乐一定要柔和、动听，而且不宜持续很长时间，否则孩子很容易就会对此失去兴趣。

● 用科学的方法促使孩子的听力"更上一层楼"

> → 孩子的"声音世界"，与成人是不同的
> → 选择声音和忽视声音能力的培养——时常给孩子制造一点"噪音"

一位苦恼的家长曾这样讲述：

凌晨两点，正在睡觉的儿子忽然爬起来问我："妈妈，这是什么声音？"我屏住呼吸，认真地听了一会儿，哪有什么声音呀，便哄他睡觉："可能是汽车的声音，快睡觉吧！"

刚躺下一会儿，儿子又爬了起来，并非常着急地对我说："妈妈，外面有声音。"说着就朝阳台的方向爬去。

没有办法，我只得抱着儿子在阳台上站了一会儿。透过阳台的玻璃，只能看到偶尔穿过的汽车，除此之外，四周都是静悄悄的。

从阳台回来之后，把宝宝刚哄上床盖好被子，一阵怪声传来，这次我也听到了……如此反复了几次后，我终于明白了，原来是楼下的一家餐馆，因为白天要营业，便利用晚上的时间搞装修，刚才听到的怪声就是锯木头的声音。由于已经入秋了，大家睡觉时都关着窗户，所以这个声音根本不会影响人们休息。

我真的很奇怪，刚开始我根本就没听到电锯的声音，但这个小家伙的听力为什么会这么好呢？

其实，孩子之所以能够听到大人听不到的电锯声，这说明两个问题，一是孩子的听力明显增强了，二是孩子开始对噪音敏感起来。

另外，作为成人，由于我们已经非常熟悉周围的环境了，所

以我们常常可以自动过滤一些噪音。例如，即使是白天休息时，我们对马路上的嘈杂声也常常会充耳不闻；在嘈杂的声音中，我们往往会很清楚地听到我们想听的那个声音。但由于孩子还不具备这一能力，所以他们常常会受到一些自己不喜欢听到的声音的干扰。

所以，在这种情况下，为了使孩子的听力能"更上一层楼"，家长必须做到这样一点：**有意识地锻炼孩子选择声音和忽视声音的能力。**

在嘈杂的环境中，选择某种声音或忽视某种声音，也是人们听觉能力完备的一种表现。然而，对于1岁之前的孩子来说，他们是不具备这种能力的。例如，当家长用音乐刺激孩子的听觉时，如果旁边还混杂着其他声响，孩子是没有办法集中注意力听音乐的。

但对于1岁之后的孩子来说，随着他们注意力集中时间的延长，家长可以有意识地培养孩子的这种听觉能力。

一位家长是这样做的：

当女儿1岁半时，她特别喜欢听我讲故事。但为了锻炼孩子选择或放弃某种声音的能力，每次给她讲故事时，我都会故意把电视机打开。刚开始时，我把电视机的声音调到很小，看到女儿适应了这种背景声音后，我再渐渐地把电视机的声音调大，直到与我讲故事的音量差不多为止。但即使同时有两种声音存在，女儿仍然能够专注地听我讲故事。

在发展孩子的听觉能力方面，这位家长的做法是科学的。但在运用这个方法的同时，家长们也应注意这样一个问题：当孩子被电视机的声音和画面所吸引，出现一些烦躁情绪，不能专心听故事时，家长应毫不犹豫地关掉电视。因为在这种情况下，孩子的心思并不在故事上，如果家长继续讲下去，反而很容易促使孩子养成不专注的坏习惯。

● 用"妈妈腔"来锻炼孩子的听力

> → 婴儿爱听"妈妈腔"——发音清晰、语速略慢、适度重复、语句简短、内容具体
>
> → 6岁以后,停止使用"妈妈腔"

何谓"妈妈腔"?

"妈妈腔",是指一种被很多妈妈发现和使用,并能促进孩子听力以及智商提升的说话腔调。对于孩子来讲,当家长用"妈妈腔"跟他们讲话时,他们会感到很亲切,而且很容易理解。每个孩子都喜欢这种"妈妈腔",更重要的是,这种"妈妈腔"能够很好地促进孩子听觉能力的发展。

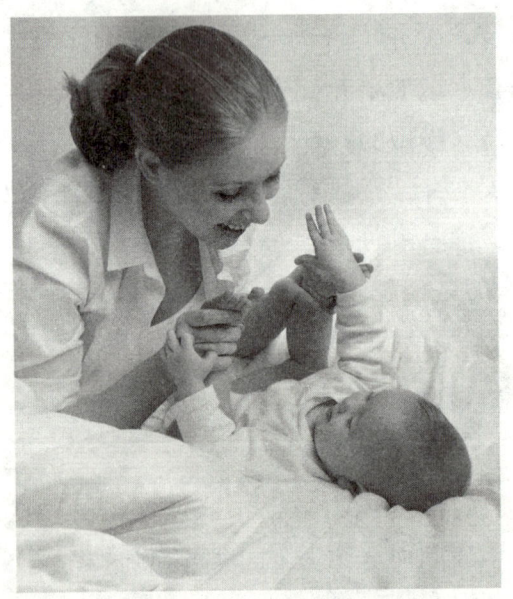

婴儿爱听"妈妈腔"

科学家们曾做过这样一个试验:

他们将一个陌生女子的录音放给一些4个月大的婴儿听。录音的内容包括两大部分,一部分是这位女子用正常成人的语言对婴

儿们讲话，另一部分是这位女子用"妈妈腔"的语言对婴儿们讲话。结果，科学家们发现，听到成人的录音时，孩子们几乎都没有太大反应，但听到"妈妈腔"的录音时，他们中的大部分都不停地转头，好像是在寻找声音的来源。

由这个试验，科学家们得出这样一个结论：婴儿爱听"妈妈腔"。

通过更加深入的试验研究，科学家们发现，婴儿能辨别出"妈妈腔"的最小年纪是在5周左右，他们喜欢妈妈用"妈妈腔"，而不喜欢妈妈以平板单调的声音跟他们说话。

读到这里，也许家长们都会问："'妈妈腔'的语言到底有什么特点呢？"

具体来讲，与一般的语言相比，"妈妈腔"具有以下几个特点：

1. 发音清晰

我们都知道，孩子是通过模仿来学习语言的，只有家长发音清晰，才易于孩子模仿。所以，不论家长用的是普通话还是方言，在与孩子交流时，都要有意识地使自己的说话"字正腔圆"。

2. 语速略慢

虽然孩子的大脑有着无穷的潜力，但与成人相比，他们的大脑"接收信息"以及"输出信息"的系统终归要比成人慢得多。所以，家长在与孩子说话时，一定要特意放慢速度，这样不仅有助于家长与孩子之间的交流，而且还有利于孩子模仿家长的语言。

3. 适度重复

孩子大脑中"接收语言"的系统还不是很发达，因此，家长在对孩子讲话时要有技巧、有耐心地适度重复。例如，家长拿着一朵花对孩子说"这是一朵花"，那么，家长的这句话对孩子大脑的刺激是微弱的，也许一转头，孩子就会把这句话忘掉。但如果

家长用"妈妈腔"这样对孩子说:"宝贝,这是花,一朵香香的花,来,闻一闻!"加上听觉和嗅觉对大脑的刺激,孩子一定会对花留下深刻的印象。当孩子在其他场合再看到花时,他们一定会把小鼻子凑过去闻一闻。

4. 语句简短

对于3岁之前的孩子来说,他们不具备区分中心语、状语、定语的能力,他们更不会体会到不同介词、连词给语句带来的变化。所以,家长在对孩子讲话时,一定要特别注意"简短"这一秘诀。例如,当家长对孩子说"把茶几上红色封皮的那本书给妈妈拿过来"时,由于这句话太长、太复杂,孩子很可能就会听不明白,或者被家长的这句话弄糊涂。所以,在这种情况下,家长不如指着红色封皮的书对孩子说:"帮我把那本书拿过来!"

当然,在教孩子认识物品时,太长、太复杂的句子,家长可以分成几个简短的句子来说,这样更有利于孩子的理解。例如,"这是姑妈送给你的漂亮新衣服",这句话用"妈妈腔"就可以这样说:"这是新衣服,是姑妈送给宝宝的,看,多漂亮呀!"

5. 内容具体

在3岁之前,孩子根本不具备抽象思维的能力,所以,在这一时期,家长对他们讲的事物都必须是具体的。例如,家长可以告诉孩子"花儿真漂亮"、"衣服真好看",因为花儿和衣服都在孩子眼前,在这种氛围下,孩子能够体会到"漂亮"和"好看"是什么意思。但如果家长非要问一个1岁的孩子"想不想妈妈",或者叫他"认真点儿",这就完全是强人所难了,因为孩子根本就没有办法理解"想"和"认真"的意思。所以,在与孩子沟通时,家长尽量不要使用那种抽象性太强的语言。

由此我们也可以看出,"妈妈腔"的语言可以在一定程度上提高孩子的听觉能力和智力水平。当然,"妈妈腔"并不限于妈妈一个人运用，爸爸、爷爷、奶奶、哥哥、姐姐等都可以运用。

读到这里，也许很多家长会提出反对意见："这种'妈妈腔'的语言很幼稚，它会使孩子养成不良的说话习惯。"

其实，这些家长的观点是错误的。"妈妈腔"与那些幼稚的儿童语言是有区别的。那些幼稚的儿童语言是故意把"是的"说成"系的"，把"燕子"说成"燕几"等，这是一种不良的说话习惯。但"妈妈腔"是把复杂的话说得简单、说得亲切，它的主要作用是易于孩子理解、接受，并引起孩子的倾听兴趣，还能够促使孩子的听觉能力以及语言表达能力的发展。所以，"妈妈腔"只会促进孩子整体智力的发展，并不会使孩子养成不良的说话习惯。

当然，当孩子顺利地度过了 0~6 岁这个敏感期之后，家长就可以停止使用这种"妈妈腔"了。此时，孩子基本已经掌握了语言这个工具，而且孩子的理解能力、抽象思维能力等，都已经上升了一个层次，在这个时候，家长就没有必要再运用"妈妈腔"了。

3 口和手的敏感期

孩子心理的发展以及能力的获得，主要是通过"工作"获得的。这是蒙台梭利教育法中的一个很重要的观点。蒙台梭利认为，每个孩子都有自己的"工作"，如专心地用手捏软软的香蕉皮、安静地蹲在墙角下连续半个小时观察小蚂蚁搬家、乐此不疲地吮吸自己的手指，等等。

当孩子在"工作"时，他们不希望别人打扰他们、打断他们，甚至是帮助他们，因为他人的打断很容易会使他们陷入混乱状态，使他们产生强烈的不安全感。当然，如果遇到被别人打断的情况，孩子会通过哭闹、发脾气等行为来表示自己的不安和不满。

在一位母亲的教子笔记中，曾有这样一段描述：

儿子出生已经3个月了，最近，这个小家伙突然对自己的手很感兴趣，没事就把手放在嘴里不停地吸，就好像手上有蜂蜜一样。有时，由于衣服穿的太厚，他的手放不到嘴里去，他还会急得"哇哇"直哭，但当我们帮他把手送到嘴里时，他就会很高兴、很满足地手舞足蹈起来。

在每个孩子的成长过程中，家长们都会发现这样一种现象：从孩子出生后两三个月开始，他们常常会乐此不疲地吃手，吃到高兴时，他们会很满足地手舞足蹈；但当我们以"不卫生"为由，把孩子的手从口中拿开时，他们常常会愤怒地又哭又闹。

为什么会出现这种现象呢？

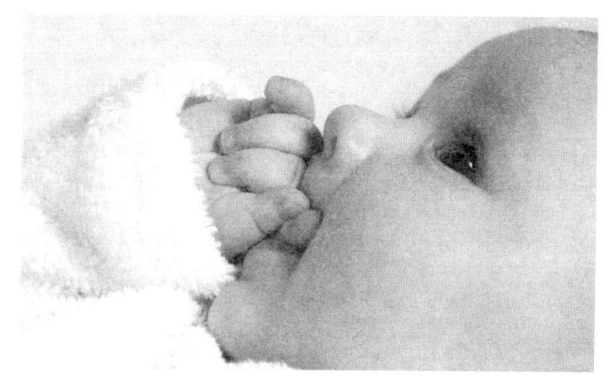

宝宝出生两三个月开始，他们常常会乐此不疲地吃手

其实，孩子的这种种行为实际上是在证明：他们已经进入了口腔敏感期。

所谓口腔敏感期是指孩子通过口来认识周围的世界，并建构自己的大脑和心理世界的那段时期。

在孩子刚刚出生时，他们能够使用的唯一器官就是口。尽管孩子从出生那一刻起就能用眼睛看东西，但脑科学却认为，出生后很长一段时间内，孩子的视力是不完善的，他们通过视力认识的这个世界是模糊的。但口却不一样，孩子刚刚出生就懂得用口吃母乳，所以口是孩子连结自己与这个世界的最自然的通道。

可以说，"吃手"现象是孩子认识世界的一种途径，也是孩子的"工作"，所以，当家长打断孩子的"工作"时，孩子感觉到了不安和不满，他们就会愤怒地哭闹。

一般来讲，大多数孩子的口腔敏感期都会出现在0～2岁这一阶段，孩子这一敏感期所持续时间的长短，与他们所处的环境有很大的关系。如果在这一时期，家长给孩子提供最科学的环境，允许孩子"吃手"，允许孩子"品尝"玩具，允许孩子用口去探索他们想探索的物品，那孩子的这一敏感期很快就会结束。但如果家长不了解孩子的这一敏感期，常常会阻止孩子的"探索"行为，那孩子的这一敏感期就会持续很长一段时间，即使到了三四岁，孩子还常常会偷偷地把物品放到嘴里"尝一尝"。

这时，肯定还会有家长问："如果孩子的口腔敏感期一直就没有得到满足，会出现什么后果呢？"

我曾多次接触过口腔敏感期没有得到满足的孩子，这些孩子身上都存在着很多共同的缺点：抢别人的食物、随便拿别人的东西、注意力总是固定在食物上而不能集中精力学习……

任何一位家长都不想孩子出现这些缺点，所以，当孩子的口腔敏感期来临时，家长一定不要阻止他们用口去"探索"的"工作"。除此之外，家长还应该给孩子提供机会，让孩子自由去选择食物。因为对食物的"探索"可以让孩子的探索心理得到最大程度的满足，从而尽快使他们的口腔敏感期结束。

当孩子口腔敏感期来临时，家长一定不要阻止他们用口去探索

那具体来讲，家长应该如何做，才能帮助孩子顺利地度过口腔敏感期呢？

一位家长这样分享经验：

在孩子出生之前，我认真了解过有关敏感期的知识，所以，当孩子举着嫩嫩的小手放在嘴里时，我从来没有阻止过他。

不仅如此，随着孩子月龄的增长，他开始把能够拿到的物品都往嘴里放。为了使孩子更好地通过嘴认识玩具，我把他的手洗干净，又把他的玩具洗干净，围着他放了一圈，让他尽情去"品尝"。

很多时候，我也会担心，怕孩子把那些瓜子皮、笔帽等物品吞下去会造成危险，但我不敢阻止他，怕影响他"工作"。但每一次我都会看到，他把那些我认为很危险的物品吐了出来。

有一次更奇怪，我给他吃了一瓣桔子，他整个都塞进了嘴里，我正担心他把整瓣桔子都吞下去呢，没想到他居然把籽吐了出来，把果肉吃了。

所以，从那之后，我再也不会怀疑孩子嘴的分辨能力了。当然，为了避免万一，我还是让那些带有危险性的"凶器"，如剪刀、玻璃球等尽量远离他。

对于这些刚出生不久的孩子来说，口的功能是巨大的，他们会通过口来认识他们所能接触到的一切事物。通过这种方式，他们首先认识的就是自己的手，通过吮吸来感知手的存在，感知手能抓握物品的功能。我们可以这样说，孩子是通过口把手唤醒，把手的功能解放出来的。

当孩子得知手有抓握物品的功能之后，就会通过手把周围的物品都送到嘴里进行"检验"。很多家长常常以不卫生为理由，阻止孩子把包括手在内的所有物品放到嘴里，但这种做法是不科学的，不允许孩子通过口与外部世界建立联系，就等于把孩子与世界建立联系的唯一渠道阻挡了，这将会在极大程度上影响孩子潜能的发挥。

当然，在这一过程中，孩子之所以能够得到满足，并不是因为他的嘴过瘾了，而是因为通过这种过瘾，孩子掌握了很多经验。例如，在品尝"玩具"的过程中，孩子能够体会到"软"和"硬"；能够分辨出能吃的物品与不能吃的物品……所以，在掌握了很多经验之后,他才会把硬硬的籽吐出来,把软软的果肉吃掉。

当孩子口的敏感期过去之后,手的敏感期就会随之而来。家长们会发现,当孩子的手会抓握物品时,他们非常喜欢抓握一些软软的、细细的或黏糊糊的物品,例如,沙子、水、香蕉等。而且,在这时,孩子还非常喜欢玩"扔东西"的游戏:你把玩具递给他,他马上就会摔到地上;你给他捡起来,他接着扔;你一直递,他一直扔……就这样,乐此不疲。

在这一时期,家长们常常会很烦恼:孩子爱玩沙子、水、香蕉等物品,总会搞得身上和家里脏兮兮的;孩子把所有能拿到的物品都往地下扔,实在是太调皮了……其实,家长们的这些烦恼是没有必要的,孩子表现出这些行为,说明孩子手的敏感期到来了。

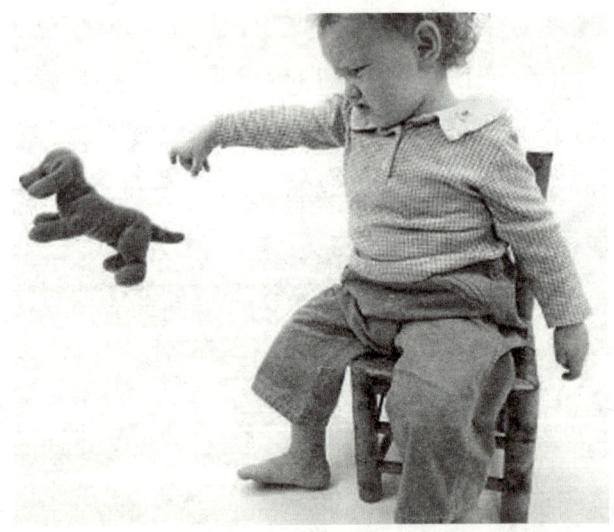

孩子爱扔东西,说明他的手的敏感期到来了

那么,具体来讲,家长应该如何做,才能帮助孩子利用口和手的敏感期,发展潜能呢?在此,我总结了以下几点方法,供家长们借鉴:

● 深刻了解"孩子用口去认识世界"这个概念

> → 0~2岁半,孩子会把自己大部分的注意力都放在口上
> → 正是口的敏感期,唤醒了孩子的其他器官

相信大多数家长都有这样的经历:当孩子口渴时,他们常常拒绝喝水,而是要求家长拿酸奶、果汁等给他们喝。即使刚刚出生不久的婴儿也是这样的,他们喝过带有甜味的奶粉之后,就开始拒绝喝普通的没有甜味的奶粉。为什么会出现这些现象呢?

其实,这些现象都在说明这样一个问题,孩子的口和舌生来就具有品尝味道的功能。当他们品尝到甜味之后,自然会拒绝吃那些没有甜味的食物。

但在孩子口的敏感期,虽然孩子也是通过口来"品尝"物品,但这种"品尝"与上述我们所讲的品尝却有着天壤之别。上述的品尝是单纯地通过口和舌来品尝物品的味道,而这里的"品尝"则是指孩子通过口认识周围的事物。

一位妈妈曾讲述过这样一件事情:

一次,我在超市为儿子买了几个不同口味的大果冻。由于是不同口味的,所以这些果冻的颜色都是不同的:水蜜桃口味的是白色的、草莓口味的是红色的、橘子口味的是黄色的……

我知道儿子爱吃桃子,便找了一个水蜜桃口味的一点点喂他吃。但这个果冻刚吃了两口,儿子就不吃了,而是用手指着另外的果冻。我知道他是想吃其他口味的,就劝他说:"好宝宝,这个好吃,我们来吃这个,这个吃完了再吃其他的。"但儿子不听,一直用手指着另外的果冻,他甚至开始自己用手去抓。

要是把所有的果冻都打开,儿子吃不了,它们很快就会变质。于是,我把其他的果冻藏了起来,但我的这一行为却把儿子惹怒了,他大哭起来,并且边哭边用手指着我放果冻的地方。

才2岁多一点就如此任性,真不知道他长大后会变成什么样子!

其实,并不是孩子任性,而了家长不了解孩子。在口的敏感期阶段,孩子是通过口来体验并认识事物的。妈妈给他打开的那个果冻他只吃了两口就想吃其他的,其实他并不是想品尝其他果冻的味道,而是想通过口的对比,看看其他果冻是不是也是这样软软的、滑滑的。

案例中的妈妈不了解孩子"任性"行为背后的心理,只是从节约的角度考虑拒绝了孩子的要求。妈妈的这种做法不仅使孩子失去了一次通过口探索事物的机会,而且还引起了孩子的强烈不满。所以,在这种情况下,孩子表现出长时间的哭闹行为是很正常的。

那么,家长具体应该如何做,才更有利于孩子的发展呢?

同样的情况,另一位家长是这样做的:

我给女儿买了很多包不同口味的薯片,第一包刚吃了两片,她就把目光转向颜色不同的第二包,要求我把第二包打开;当我把第二包打开后,她吃了两片,又要我打开第三包;第三包刚吃了两片后,我正打算帮她打开第四包,她却满足地摇摇头,安静地去吃第一包薯片了。

其实,这个孩子之所以不再要求妈妈把第四包薯片打开,是因为在对前三包薯片的探索中,她自己已经总结出了经验。在那一刻,孩子之所以会流露出满足的表情,是因为她的小脑袋瓜里在这样想:我知道了,这些不同的袋里装的都是一样薄薄、脆脆的食物!孩子自己总结出这样的经验之后,再遇到同样的情况,自然不会要求家长把所有的袋子都打开了。所以,尊重孩子口腔的敏感期,往往不用家长提醒,孩子自己就会懂得节约。

在一般情况下,孩子用口探索世界的这种行为要持续很长时间。所以,在0~2岁半这一阶段,孩子会把自己大部分的注意力都放在口上。但随着年龄的增长,孩子的手及其他器官也会出现敏感期,到那时,孩子用口探索世界的方式就会悄悄地退居二线了。

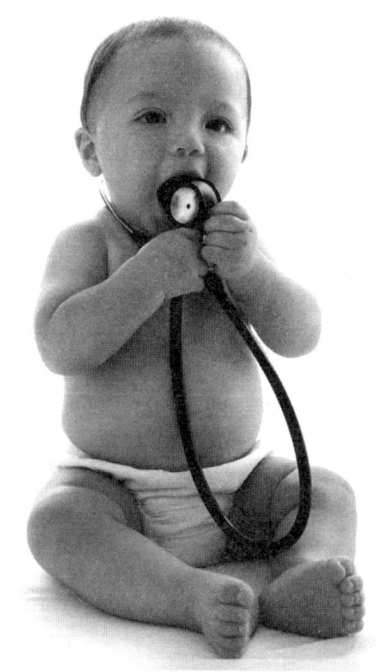

在0~2岁半这一阶段,孩子会把自己大部分
注意力都放在口上

但即使是这样,家长也要牢记"孩子用口去认识世界"这一观念,给孩子足够的自由,让他们尽情地去探索。

● 让孩子尽情地去释放"手"

> → 喜欢抓软软的东西、喜欢扔东西,那是孩子在试验手的功能
>
> → 用两个手指捏东西,这说明孩子的手将要完全被唤醒

提到孩子手的能力,很多家长常常会自豪地这样对我说:"我

家孩子的手巧，他的手指还会跳舞呢！""我家孩子的手很灵活，从2岁起，就会用两个手指头或三个手指头拿东西。"

然而，在生活中，我们常常也会发现一些孩子的手很笨拙，他们的手做不了细活儿，如缝扣子、捡细小的物品等，他们甚至不能自如地用两个手指夹东西。

中国有个古老的成语，叫做"心灵手巧"。其实，"心灵"与"手巧"的确有必然的联系，手指的灵活性与孩子的记忆力以及反应的灵敏度有很大的联系。当然，这也就是说，如果在孩子的幼年期，家长就有意识地开发孩子手的潜能，那孩子的记忆力以及反应的灵敏度也就能得到相应的提高。

读到这里，也许有很多家长会问："孩子的口有敏感期，那孩子的手有敏感期吗？"

孩子的手也有敏感期，当孩子通过口的吮吸把手唤醒后，手的敏感期就要来了。

一位妈妈讲述了关于自己女儿的一个故事：

当女儿7个月大的时候，她开始迷恋上了抓软软的东西。一次我正在和面，奶奶抱着她在旁边玩。看我来回揉着面盆里的面，女儿忽然也来了兴趣，她用小手指着面盆，嘴里"呜呜"着，直朝我这边挣扎。奶奶见状，"批评"她说："那面是吃的，不能玩！"说完就把女儿的小手拉回来。但女儿却不依不从，实在争执不过奶奶，便大哭起来。

最后实在没有办法，我给女儿带上"围裙"，找来一个小一点儿的塑料盆，弄了点儿面，又弄了点儿水，让女儿自己玩起来。女儿兴奋地把所有的水都倒进面里，尽情地用手抓着"稀泥"似的面，脸上呈现出满足的表情。就这样，女儿竟然独自玩了半个小时。

读完这位妈妈的讲述，也许有家长会说："在7~8个月大的时候，我家孩子也喜欢抓软软、细细的东西，如抓香蕉、抓沙子等。"其实，孩子的这些行为是向我们发出信号——他们手的敏感期到来了。

可是，在手的敏感期，孩子为什么喜欢抓那些软软、黏黏的东西呢？

其实，这是孩子在验证手的能力。我们知道，当孩子刚刚出生时，他唯一能够使用的"工具"就是口。后来，是口唤醒了手，当孩子第一次把手伸到口里时，他一定会有一种开天辟地的感觉。再后来，手的敏感期来临，孩子会惊奇地发现，原来手可以抓、拿东西。在稍大一点儿的孩子眼中，用手抓拿物品是最平常不过的事情，但对于这些幼小的孩子来说，这可是重大发现。所以，他们要好好地体验一下手的这种功能，要把手的所有功能都唤醒。

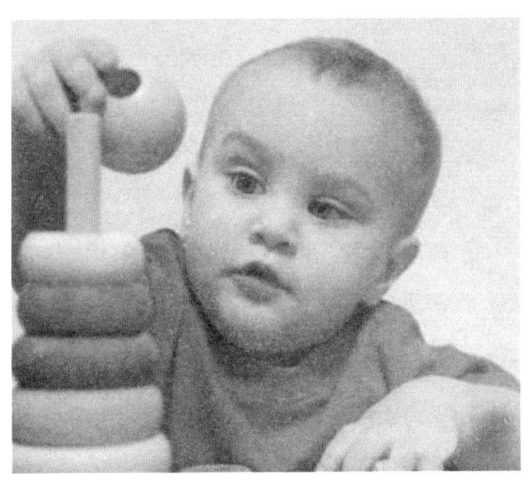

用手抓拿物品对幼小的孩子来说是重大发现

一般来讲，在手的敏感期，孩子都喜欢抓那些软软、黏黏的物品。当看到沙子、香蕉果肉等从指缝里穿过时，孩子的小脑袋瓜里就会产生这样的想法：手好神奇呀！当然，在这种体验的过程中，孩子会产生极大的满足感。

读到这里，也许有家长会问："在手的敏感期，如果我们没能

让孩子自由去体验,会出现哪些后果呢?"

一般来讲,孩子手的敏感期集中在 0~2 岁阶段,如果在这一时期,家长不能给他们提供香蕉、面团、沙子等,让他们自由去体验,那孩子手的敏感期就会延长,当孩子到了 4~5 岁时,他们甚至会拒绝学习使用勺子或筷子,而是想直接用手抓饭、抓菜,以体验那种软软、黏黏的感觉。这会大大阻碍孩子手的能力的开发。

那么,具体来讲,家长应该如何利用手的敏感期,来开发孩子手的潜能呢?

首先,家长要了解在手的敏感期,孩子的一些典型表现。一般来讲,在手的敏感期,孩子除了喜欢用手抓香蕉、面团等物品之外,还常常会通过以下方式来扩展手的功能。

1. 不停地扔东西

一位家长曾这样对我说:

我家那小家伙 1 岁左右时,忽然变得特别"坏"。一次,我递给他一块饼干,他把饼干抓住后,却又扔掉了;我又递给了他一块,他还扔,而且扔掉之后,还冲我坏坏地笑。

以后这种情况多次发生过,不管我给他什么物品,他拿到后都喜欢扔掉几次。后来,不仅如此,他还多次把桌子上他能拿得动的物品都扔到地上。扔完之后,他要么会瞅着地上乱七八糟的物品坏坏地笑,要么脸上呈现出十分满足的表情。

其实这位家长所讲的情况是孩子处在手的敏感期的一种很典型的表现,孩子是在体验手的功能。随着手的功能逐渐被唤醒以及手部肌肉的逐步发达,孩子会发现,手不仅能抓东西,而且还能扔东西,这对于他们来说又是一个重大发现。所以,他们要不断地体验这一新功能。

2. 喜欢玩开瓶盖、盖瓶盖的游戏

一位家长这样讲述:

一次，孩子忽然对暖瓶的盖子非常感兴趣，我把盖子拿给他，但他不玩，而是挣扎着要自己去把这个盖子盖到暖瓶上。幸好那天暖瓶里没水了，于是我扶着他来到暖瓶旁边，他小心翼翼地把盖子盖到暖瓶上，又使劲儿拿出来。来来回回有20几次后，他才满足地让我抱他走开。

这也是孩子在手的敏感期的一种表现，此外，这也是孩子空间敏感期（关于这一点，我们将在下面的章节中讲述）的行为特征。这同时也是孩子手的灵活性发展的一种表现。

3. 开始尝试用两个手指抓细小的物品

在先前，无论是抓香蕉，还是抓瓶盖，孩子都是用整只手来抓。但随着时间的流逝，家长能够明显地感觉到孩子用手的能力在增强。也许某一天你的头发上有一片小小的枯叶，细心的孩子会帮你摘下来。这时候，你会发现孩子已经不是用整只手抓了，而是用两个手指捏。这说明孩子的手将要完全被唤醒。

当然，接下来，孩子还会迷恋上更高难度的动作。例如，把吸管插到牛奶瓶的小孔里、把笔帽套在钢笔上等。这些都是孩子在手的敏感期的典型表现，当然，如果孩子能够满足地度过这一时期，孩子手的灵活性就会大大增强。

家长应尽量给孩子机会，让他们去体验手的功能

另外,了解了孩子在手的敏感期的这些典型表现后,家长还应该给孩子机会,让孩子尽情去体验手的这些功能。

一位了解孩子敏感期的妈妈这样分享经验:

孩子在"工作"时,我从来不去打扰他。不仅如此,我还总是给他创造机会,让他去探索手的功能。

我发现孩子爱抓那些软软、黏黏的东西,就时常给他准备一些面团、香蕉、草莓给他玩,这既能使他体验手的力量,又不会使孩子受到伤害。

当孩子喜欢上开瓶盖、盖瓶盖的游戏时,我就专门给他找了个带瓶盖的小塑料瓶,这样,孩子就可以坐在床上玩他喜欢的游戏了。

当孩子开始使用两个手指头捏东西时,我常常会找一些碎纸片扔到他旁边,让他尽情地去体验用两个手指头捏东西的奇妙感觉。

……

这位家长的做法是科学的,不管孩子处于哪种敏感期,只有让孩子尽情去体验,他们的潜能才能被最大程度地激发出来。如果家长不允许孩子玩那些黏黏的面团和香蕉,那么,孩子手的敏感期不但会延长,而且由于潜能没有完全被激发出来,孩子的手也许就会因此而变得笨拙。我们可以举这样一个例子来说明,同样是女孩,有些孩子的手非常灵巧,像缝扣子、绣十字绣之类的细活做得非常出色;而有些孩子却显得非常笨拙,有时她们甚至连针都拿不住。其实,孩子的手在灵活性上所存在的这些差异,与他们在手的敏感期的经历有很大的关系。

4 渴望爱的敏感期

每个孩子都渴望得到父母的爱,如果要为孩子对爱的这种渴望找一个敏感期,我们可以这样说,这个敏感期是孩子的一生。

二战期间,虽然很多刚刚出生不久的婴儿都被送到了孤儿院,但婴儿的死亡率仍然很高。在这期间,一位心理学家对其中的两家孤儿院进行了实地考察。第一家孤儿院医疗设施以及居住环境都非常优越,但这家孤儿院婴儿的死亡率却非常高;第二家孤儿院几乎没有什么医疗设备,而且居住环境也非常简陋,但出乎人们意料的是,这家孤儿院婴儿的死亡率却非常低。

为什么会出现这种现象呢?

心理学家通过对这两家孤儿院的认真对比发现,第一家孤儿院的外部条件虽然很优越,但它的医护人员却非常少,一位医护人员大约要照顾10名左右的婴儿,因此这里的医护人员常常是手

宝宝从出生到3岁左右,是渴望爱的敏感期

忙脚乱；第二家孤儿院的条件虽然很简陋，但它的医护人员却非常充足，一位医护人员负责两名婴儿的饮食起居，这里的医护人员都像妈妈一样照顾并爱护着每一位婴儿。

由此，心理学家得出了这样一个结论：从出生到3岁左右，是孩子渴望爱的敏感期。0~3岁的孩子正处于自我认识并与外部世界建立联系的阶段。在这一阶段，家长的爱是他们与外部世界建立联系的唯一纽带。但如果孩子感觉不到爱，强烈的不安全感将使他们不能很好地与外界建立联系。当然，如果由于种种原因，例如，家长无暇照顾孩子、母亲的脾气总是不好，孩子长久感受不到家长的爱，在这种内心极度不安全的状态下，孩子的心理是很容易出现问题的。

其实，在大多数情况下，0~3岁这一阶段的孩子哭闹是有明显原因的：或者是因为身体的某一个部位不舒服，或者是因为他们感受不到父母的爱……在这些情况下，如果家长不及时地去抚慰孩子，孩子内心的那种不安全感就会被无限地扩大。在这种状态下，即使孩子不会出现心理问题，在不安全感的影响下，孩子也没有太多的心思去探索外面的世界，这对孩子的智力发展也会产生很大的影响。

所以，我们可以这样说，0~3岁是孩子渴望爱的敏感期，只有感受到足够的爱，孩子才会健康成长；也只有感受到足够的爱，孩子的智力才会健康、快速地发展。

只有感受到足够的爱，孩子才能健康成长

读到这里,很多家长常常会这样说:"如果孩子一哭闹,我们就过去哄他们、安慰他们,这会不会使孩子产生控制我们的欲望?"

的确,对于稍大一些的孩子来说,他们是会产生想控制家长的欲望。但在很多时候,孩子这种欲望的产生往往是由家长不正确的教育方式所引起的。

龙龙早就会自己吃饭了,但有一天,他自己刚吃了几口,就要求妈妈喂他。妈妈很不高兴地对他说:"你已经有能力自己吃饭了,不能再让妈妈喂了!"

龙龙仍然坚持着:"可是,妈妈,我想让你喂我。"

"你这孩子简直就是无理取闹!"

……

就这样,妈妈和龙龙争执了好大一会儿,最终以妈妈的妥协而告终。

后来,有人对龙龙妈妈说:"如果你早答应孩子的要求,也不会惹得孩子这样不高兴!"但每当这时,龙龙妈妈都理直气壮地说:"那样会惯坏孩子的,会使孩子产生想控制我的欲望。"

但龙龙妈最终向孩子妥协的做法就不会引起孩子的控制欲吗?

事实上,孩子的控制欲就是这样被家长激起来的。刚开始,孩子之所以让妈妈喂他吃饭,是因为他想知道妈妈是否爱他。但妈妈却怕自己对孩子失去控制,而不敢大胆表达自己对孩子的爱。在这种状态下,母子俩各持己见,最终孩子以"罢饭"威胁妈妈,妈妈只得向孩子妥协。这一过程其实是向孩子传达了这样的信息:如果我以"罢饭"威胁妈妈,那妈妈就会答应我的任何要求。孩子的控制欲望就是这样被家长一点点激发出来的。

在这里,我想问家长们这样一个问题:"如果你是龙龙妈妈,在不考虑什么孩子控制欲望的前提下,当孩子要求你喂他时,你

会喂吗?"

相信大多数家长都会这样回答:"当然会喂他了,我喜欢喂他吃饭。每当我喂他时,他都会咯咯地笑,这时我们母子俩都会非常快乐。"

是的,每位家长都深爱着自己的孩子,但你为什么不明确地把这种爱传递给孩子呢?在很多时候,孩子只是想知道家长是否爱他,当他们得知家长深爱着自己时,他们就会按照家长所说的去做。在这种情况下,控制的权利仍然掌握在家长手中,而不是孩子手中。

关于此,一位家长讲述了这样一件事情:

我家儿子已经懂得了自己的事情自己做。但一天晚上,儿子却要求我帮他换睡衣,还要我搂着他睡觉。虽然觉得儿子的要求有些古怪,但我仍然按着儿子的要求去做了。

当孩子睡着时,我感动得几乎要流泪了。因为在以前,儿子在床上翻来覆去,要很久才能睡着。但今天在我的怀中,儿子刚刚躺下就睡着了。这使我强烈地感觉到,儿子是多么地需要我的爱。

是的,家长的爱能使孩子具有安全感。在很多情况下,孩子向家长提出那些"无礼"的要求,是因为他们想感受一下那种被关心、被欣赏的感觉。所以,在这种情况下,家长痛快地答应孩子的这些要求,不仅不会激起孩子的控制欲,而且,在安全感的促使下,孩子会更愿意与家长合作。

对于稍大一些的孩子尚且如此,所以,对于0~2岁的孩子来说,家长更应该放心地向他们表达自己的爱。

那么,具体来讲,家长应该如何向孩子表达爱呢?

● 给孩子无条件的爱

> → 摆脱自己潜意识中的"私心"
> → "赏识"是孩子健康成长的促进剂

当孩子还在襁褓之中时，大多数的家长都懂得用亲吻和拥抱向孩子传达爱。但随着孩子的成长以及孩子"能力"的增强，很多家长会觉得孩子开始变得不再那样可爱，因为他们经常会做出一些捣乱行为。例如，他们会把桌子上的物品统统都扔到地下去；他们会把酸奶洒到刚洗的床单上；他们会登高爬墙，总会让家长担心……因此，在这种情况下，大多数的家长常常会对孩子失去耐心，他们常常会采取一定的措施来约束孩子的行为，或对孩子的捣乱行为进行斥责。

面对这种情况，很多教育学家提出了这样的观点：家长对孩子真正的爱，就是要快乐地依循孩子成长的节奏，让他们自由地迈出每一步，而不会让孩子担心因不符合标准和规范而失去你的爱。

对任何孩子来说，捣乱是他成长的一部分

的确，对于任何一个孩子来说，捣乱都是他成长的一部分，大多数的家长都想把孩子训练得"听话"一些、"乖巧"一些，但家长的这种行为无异是在向孩子传达这样的观念：我对你的爱是有条件的，你只有听话、乖巧时，我才会爱你。家长对孩子的这种爱是畸形的，它会在很大程度上影响孩子的心理健康。

我曾接触过这样一位家长：她的孩子已经到了上学的年龄，但她正在为孩子孤僻的性格而担心。谈到孩子的性格，她这样向别人讲述孩子性格孤僻的原因：

"我儿子小时候很活泼，也很开朗，他非常喜欢与别的小朋友在一起玩。但渐渐地我发现，在很多时候他的行为变得很'可恶'。起先，他喜欢推别人，抢别人的东西，后来发展到命令、指挥周围的孩子。最令我不能忍受的是，他总把自己弄得脏兮兮的。每次都是这样，刚穿上的新衣服，用不了两个小时上面就会沾满泥巴、果肉，还有那令人恶心的大鼻涕。因此，为了避免别人的嘲笑以及没有必要的矛盾，我很少带他去别人家或找别的小朋友玩。但我却完全没想到，我的这种行为却使孩子形成了孤僻的性格。"

是的，作为家长，虽然我们口口声声都在说我们爱孩子，但实际上，我们对孩子的大多数爱都是有条件的，至少在孩子的感觉中是这样。就拿上述案例中的情况来说，在这位家长看来，她的这种行为是爱孩子的一种表现。但如果我们仔细分析一下，便会发现这位家长所隐藏的"私心"：因为怕孩子太脏给自己丢面子，而有意减少孩子与外界接触的机会；因为怕孩子给自己惹麻烦，从而尽量避免让孩子与其他的小朋友接触……

孩子是极其敏感的，当你因为嫌弃孩子给自己丢面子而面露不悦时，这其实是向孩子传达了这样的观念：父母是讨厌我的；当你因为孩子给自己惹麻烦而指责孩子时，孩子常常会产生这样强烈的感觉：父母根本就不爱我……

家长的这种态度常常会使孩子产生两种行为：一是因为惧怕失去父母的爱而变得缩手缩脚，不敢再遵循内心的意愿去探索外面的世界；二是孩子会变得"功利"，为了继续得到父母的爱，他们总是试图讨好父母。作为成人我们知道，孩子的这两种行为都是不利于他们的心理健康发展的。

那么，具体来讲，家长应该如何做才能正确地向孩子表达爱呢？

在与家长们接触的过程中，我一直向家长们传达这样的观念：**遵循孩子成长的规律，让赏识的目光伴随孩子的成长。**

所以，当孩子出现登上爬下的捣乱行为，家长不要急着对孩子使脸色，在保证孩子安全的前提下，你不妨这样夸奖他："瞧，这小家伙多有力气呀！"

当孩子把书桌上的花瓶碰到地上摔碎时，家长先不要急于批评孩子，在这种情况下，你应该抱着孩子，抚摸着他的头说："这大大的响声没有把你吓坏吧？"

当孩子到了该会说话的年龄，但他仍然不会话说时，家长不要抱怨，而是要鼓励孩子："宝宝棒极了，用不了多久就会说话了！"

……

虽然在0~2岁这一阶段，大多数的孩子仍然听不懂家长的话，但在家长欣赏和关注的目光

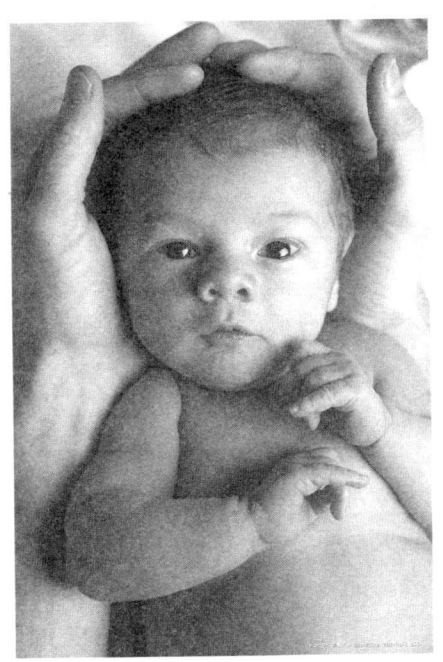

0~2岁的孩子听不懂家长的话，但完全能够感受家长对他们的爱

中，他们完全能够感受到家长对他们的爱。在这种情况下，孩子能够感受到强烈的安全感和幸福感。在这些美好感觉的促使下，孩子的自信心会快速增强，他们的身体和心理也会随之快速而健康地成长。

● 通过语言让孩子感受到你的爱

> → 孩子在乎的并不是语言，而是家长神情和动作中所传达出来的爱
> → 与宝宝"谈论"正在做的事情，是传达爱的最好方式

我曾看到过一位妈妈这样与自己1岁半的儿子做游戏：

妈妈把孩子搂在怀中，一边微笑着欣赏着儿子的小脸蛋，一边对儿子说："宝宝的眼睛在哪里呀？妈妈最爱宝宝乌黑的大眼睛。"说完便轻轻地去亲吻孩子的眼睛。接着，妈妈又对儿子说："宝宝的鼻子在哪里呀？妈妈最爱宝宝漂亮的小鼻子。"说完又会轻轻地亲吻孩子的鼻子……

在这一过程中，妈妈不停地说，不停地亲吻孩子，孩子则一直咯咯地笑。

我们不得不说，这是一幅令人神往的亲子互动画面。虽然对于1岁半的孩子来说，他也许不明白妈妈在说什么，但这一点儿都不影响他与妈妈之间的交流，因为从妈妈的表情和动作中，他能感觉到，妈妈是非常爱他的。

其实，确切来讲，大多数1岁半到2岁半的孩子已经具备了与成人对话的能力，虽然他们不能用语言清楚地表达自己的意思，但他们可以使用不同的表情和简单的发音来表达自己的情感。例如，当他们感觉到家长的爱时，会咯咯直笑，或高兴地手舞足蹈；当他们感觉到自己不被爱，或者身体的某些部位不舒服时，会愤怒地哭泣，或生气地蹬腿。所以，在很多时候，家长需要用自己的

语言和表情等来向孩子传达爱。

对于成人之间的交流而言，语言是传递爱以及感受爱的最佳方式，对于亲子之间的交流来说也是如此。作为家长，在用语言向孩子传达爱的同时，你的动作和神情也在自觉不自觉地向孩子传达着爱的信息。在这种情况下，孩子会产生强烈的被爱的满足感。

在0~2岁这个时期，每个婴儿都深深依恋着母亲

在0~2岁这一时期，每个婴儿都深深地依恋着母亲。因此，在这一时期，母亲的作用是巨大的。有早教学家曾这样指出，在孩子生命的初期，母亲要做一个能言善道者。母亲的爱和语言，对孩子大脑结构的形成以及潜能的开发，有着令人难以想象的作用。

作为母亲，我们应该如何与这些婴儿进行爱的"对话"呢？

一位母亲这样分享经验：

平时，除了对孩子说些"妈妈爱你"、"你是妈妈的小宝贝"等表达爱的语言之外，我还会与他"讨论"我们正在做的事情。

例如，在给他喂奶时，我会这样对他说："宝宝，来，吃奶了，吃奶可以让你快些长高，长成顶天立地的男子汉。"

在为他洗脸、洗澡的时候，我会这样对他说："宝宝要洗澡了，洗完澡宝宝会变得越来越帅。"

当为他换尿布时，我也会笑着对他说："宝宝的尿布好臭呀！真臭！"然后做出一个夸张的表情，逗宝宝开心，再在他的小脸蛋上亲上一口，继续对他说："我要给宝宝换新尿布了，换了新尿布，宝宝就舒服了。"

……

不论为宝宝做什么，我都会一边做，一边与宝宝"讨论"。每当这时，宝宝都会对着我咯咯直笑。

与宝宝"谈论"正在做的事情，是母亲用语言向孩子传达爱的一种很好的方式。

另外，需要母亲注意的是，在养育孩子的过程中，一定要保持愉快的心情和良好的心态，这样才能给予孩子安全感，给予孩子足够的爱。一个脾气暴躁、经常伤心的母亲，即使她在孩子面前极力地表现得高兴，孩子还是会感觉到不安全。

在孩子生命的初期，母亲的心情和心态，对孩子的未来影响巨大

所以，在某种意义上，我们也可以这样说，在孩子生命的初期，母亲的心情和心态，决定了孩子的身心是否能够健康发展，决定了孩子的潜能是否能够最大程度地发挥出来。所以，作为母亲，为了给孩子一个美好的未来，我们要努力做一位开朗、乐观的母亲。

● 在给孩子爱的同时，也让孩子学会表达爱

> → 婴幼儿打人，那表达的是一种爱
> → 幼儿打人，那是为了吸引家长的注意力
> → 教孩子用"拥抱"和"亲吻"表达自己的爱

很多妈妈都曾这样对我说过："我家宝宝有'暴力'倾向，他常常打我的脸、打我的头，有时还狠狠地拽我的头发。"当然，如果家长足够细心的话，还会发现更为奇怪的事情：宝宝只打那些跟他亲近的人，如妈妈、奶奶等，却不打别人。

为什么会出现这种现象呢？难道这些低龄的幼儿真的有"暴力"倾向吗？

关于这一点，儿童心理学家为我们揭晓了答案：婴幼儿的打人行为其实是他们表达爱的一种方式。

每个孩子都能感觉到家长对他们的爱，但是因为他们还没有掌握语言，所以他们只能用最简单的表达方式——打人，来向他人传递自己的爱。

宝宝会用打人来表达爱和吸引家长注意

当然，除了表达喜爱之情之外，宝宝打人还有另外一个很重要的原因：这是他们吸引家长注意的一种方式。随着年龄的增长，

尤其是孩子能够自己走路之后，大多数家长就不再像孩子小时候那样去关注孩子的每一个动作、每一个可爱的表情、每一句话了。家长对孩子的关注少了，但孩子对家长关注的需求却丝毫没有减少。于是，在这种情况下，孩子难免会产生失落感。也许就是偶然的一次，他无意间打人的现象被家长发现了，家长会立刻过来管教他，这时，打人行为与家长给予关注之间的因果关系很快就会被宝宝所察觉。在这种情况下，小家伙就会聪明地意识到，当父母关注别的事情时，只要他有打人行为，就可以成功地获得父母的关注。因此，就是这样，打人现象就成了孩子吸引家长注意力的一种手段和游戏。

由此我们也可以得出，如果家长对孩子的打人行为太过敏感，或是总是误解孩子的这种行为，那打人行为很有可能就会转化为孩子的一种习惯。

那么，具体来讲，家长应该如何对待孩子的这种"打人"行为呢？

其实，除了不要对孩子的这种行为太敏感之外，家长还应该教会孩子正确表达爱的方式。

一位家长是这样做的：

看到2岁的女儿在打小表哥，我抱住女儿说："宝贝，你是不是很喜欢小哥哥呀？"还不太会说话的小女孩使劲儿点了点头，并"嗯"了一声。

"你喜欢哥哥，那就亲哥哥一下吧！"小女儿顺从地在小表哥的脸上亲了一下。

"喜欢哥哥，你还可以拥抱一下哥哥，还可以与哥哥握握手……"

接下来，女儿就热衷于刚刚掌握的亲吻、拥抱、握手等游戏，完全忘了刚才打哥哥的情景。从那以后，每当孩子想打人时，我就会细心地提醒她:"与小朋友握握手、拥抱一下……"没用多久,女儿就学会了正确表达爱的方式。

是的,对于这些年幼的婴儿来说,他们还没有灵活地掌握语言,也不会用其他的方式来表达自己的爱。所以,在这种情况下,家长最应该做的就是教孩子正确地去表达自己的爱,而不是把注意力放在孩子打人这种行为上。

家长应该教孩子正确表达自己的爱

当然,除了对孩子的打人行为不要太敏感之外,在日常的生活中,即使孩子已经到了两三岁,家长也应该时刻向孩子表达自己的爱。这样做的目的是,避免孩子为了吸引家长的注意力,而做出一些破坏性的行为,如打人等。

5 行走的敏感期

对于大多数孩子来说，行走的敏感期要从7~8个月大时持续到2岁之后。

细心的家长都会发现，在孩子8个月左右时，他们非常喜欢这样一个游戏：站在家长腿上，让家长拉着手，或架着胳膊，在家长的腿上跳跃。他们乐此不疲地玩着这个游戏，哪怕家长劝他们休息一会儿，他们也不肯停下来。这就是孩子在行走敏感期的特殊表现，通过这种跳跃的动作，他们在锻炼自己的双腿，为行走做好前期的准备。

随着脚部和腿部肌肉的发育，孩子已经不再满足在家长的腿上跳跃了，他们常常要求家长把他们放在地上，他们想真正地用双腿行走。当然，在这一时期，因为孩子还没有具备自己行走的能力，所以，无论孩子要到哪里，家长都要一直扶着他们。

对于家长来说，这是最累的时刻，但这时的辛苦是非常有意义的，因为家长的这种行为是在帮助孩子完成一个重大转变——从四肢爬行到直立行走。

从这之后再过几个月，孩子基本上就可以扶着桌子或墙等支撑点自己行走了。然而，孩子这一能力的提升给家长带来的既有欣喜，也有烦恼。

一位家长曾这样说道：

现在我家儿子可以扶着桌子跟跟跄跄地行走了，虽然这表明孩子在进步、在成长，但也给我带来了无尽的烦恼。一次，我刚倒满一杯水放在茶几上，趁我不注意，他从茶几的另一边转过来，去抓那个杯子。结果，他整只手都浸在了杯子里，还把杯子打翻了，水流了一地板。看到这种情况，我非常后怕，幸亏我倒的是杯冷水，要是热水，儿子那嫩嫩的小手早就被烫伤了。

是的，当孩子能够自己移动，尤其是能够自己独立行走之后，家长们就常常为他们的安全情况担忧。也正是为了孩子的安全着想，很多家长常常会约束孩子的探索行为。例如，为了防止孩子摔倒或碰着，家长常常把孩子放在学步车里，或直接用婴儿车推着他们散步。

其实，家长的这种行为是不科学的，在孩子生命的初始阶段，如果家长常常限制孩子去探索世界的行为，那么孩子生命中的那些敏感期常常会无限期地推后。在很多时候，这不仅会阻碍孩子心理的正常发展，而且还会影响孩子智力的发展。就拿孩子行走的敏感期来说，如果家长怕他受伤，总是不给他自己行走的机会，那这个孩子学会走路的时间不仅比其他孩子漫长，而且他的创造力、想象力等往往也要比同龄的孩子差。

事实上，在这一时期，孩子之所以对走路行为如此感兴趣，是因为走路也是他们探索空间的一种方式。

在学会走路之前，孩子对空间的感知和探索都是被动的。例如，书架上一个颜色鲜艳的花瓶吸引了他们，他们要靠家长抱着才能靠近花瓶，或者靠

走路也是孩子探索空间的一种方式

家长把花瓶拿给他们,他们才能认真地"研究"这个花瓶。在这个过程中,孩子是没有办法靠自己的力量去感知空间的。但当孩子学会走路后,情况就大不相同了。不用依靠他人,他们就可以自由地去空间里探索,周围环境中什么物品吸引了他们,他们就会走过去看。在这一过程中,孩子尽情地享受着空间和自由带给他们的乐趣。

那么,具体来讲,家长应该如何做,才能帮助孩子顺利地走过行走的敏感期呢?

● 正确看待孩子的走楼梯现象

> → 在行走的敏感期,孩子对一切带"坡"的地方都很感兴趣
> → 不知疲惫地走来走去,那是孩子正在探索腿与脚的功能

在行走敏感期,孩子除了喜欢自己走路之外,还特别喜欢上下坡和上下楼梯。

一位家长曾这样讲述道:

最近,我家2岁的妞妞对上下楼梯非常感兴趣。一次,我带她去超市买东西,刚走到楼梯口,她就一直嚷着:"妞妞上楼、妞妞上楼……"因为超市的人流较大,我怕别人会不小心碰到她,于是便没理她的要求,直接把她抱上了楼,但女儿却哭闹着一直不依不饶。无奈,我只好把她抱下楼,再重新让她自己走上来。

晚上回家时,我怕女儿又要自己上楼,没到楼门口之前,我就想办法转移女儿的注意力。我这样对她说:"你猜今天晚上爸爸为我们准备什么好吃的了?""你回家之后想玩什么玩具?"……就这样,女儿想象着那些好吃的、好玩的,被我抱着"骗"上了楼。

但刚进家门,女儿就像想起来什么似的向外挣扎,我知道,她又想自己走楼梯。女儿虽小,但也不会这么容易就受骗,无奈,这个艰巨的任务只好交给她爸爸了。

读完这位妈妈的讲述，很多家长肯定会产生这样的疑问："孩子为什么会对上下楼梯这样感兴趣呢？"

这仍然是孩子处于行走敏感期的一种特殊表现。在这一敏感期，孩子不仅仅对楼梯感兴趣，凡是带坡的空间都能引起他们的兴趣，例如，道路上的斜坡、滑梯等。孩子之所以喜欢亲自去探索这些"坡"，有两个主要原因：一、这是他们对空间探索的一种表现形式；二、他们在无意识地培养自己双脚这个行走工具。

我们都知道，孩子最早使用的工具是手，所以他们手的经验要比脚多得多。同样的道理，在孩子刚刚学习走楼梯时，他们的手起了非常大的作用。在下楼梯时，孩子往往先用手感知一下一节楼梯与另一节楼梯的高度，才敢把脚放下去；上楼梯时也是如此。但当孩子上下楼梯不再依靠手时，他们就能完全体会到脚的作用。所以，在这个时候，孩子会迷恋上走楼梯，他要重复地用脚来感知空间，用脚来把握空间，使自己的脚在任何空间里自由运用。也正是如此，孩子脚的潜能才会逐渐被激发出来。

腿和脚的功能已经被唤醒，在行走的敏感期，孩子强烈地渴望用脚去探索。当然，他们的探索方式可能是不停地行走，也可能是重复地走楼梯等，但不管是哪种探索方式，这些都是最能使孩子愉悦的游戏和活动，家长应该尽量满足孩子的要求。

● 让孩子在自由探索中提升能力

> → 把鞋子、衣服弄脏，这是孩子必然要经历的一个成长过程
> → 经历失败，孩子下次做事就会"谨慎再谨慎"

在行走的敏感期，大多数孩子还常常会出现这样一种特殊的现象：哪里不平走哪里。

一位家长曾在亲子日记里这样记录：

昨晚刚下过一场大雨，今天的道路上到处都是一洼一洼的积水。出门时，我生怕儿子会把鞋子和衣服弄脏，便向他提议："妈妈抱你走怎么样？"儿子似乎对这样的道路非常感兴趣，说什么也不让我抱。

刚开始，他还学着我的样子小心地避开积水，但只要趁我不注意，他就会"不小心"踩到水洼里去。到后来，反正鞋子和衣服都已经湿了，我就不再管他。这下，儿子兴奋起来了，他不但逢洼必踩，而且还拉着我的手来水洼里使劲蹦。

看到儿子那满足的笑容和可爱的样子，我感到幸福极了。

如果你是这位孩子的家长，你是否会允许孩子去踩水呢？

大多数家长肯定会这样说："绝对不允许他去踩，积水会把孩子的鞋子和衣服都弄湿，搞不好还会使孩子感冒呢！"

确切来讲，家长的这种做法是不明智的。孩子的鞋子、衣服脏了可以洗，但孩子的成长机会一旦错过了，很有可能就永远不会再来。对于正处在行走敏感期的孩子来说，他们喜欢去探索那些高低不平的空间、喜欢去踩那些小水洼……当然，在家长看来，孩子的这些行为纯粹就是顽皮的行为，但实际上，孩子正是在这种顽皮行为中成长的。

一位家长曾这样讲述过：

一天，我带1岁半的儿子在外面玩，因为刚刚学会走路，他伸着两只小胳膊一会儿去看看这儿，一会儿去看看那儿，样子非常可爱。突然，不知道他发现了什么，便着急地向草丛冲去。因为从他所在的地方到草丛还有一个小台阶，但儿子没发现，一脚踩空了，在草丛里摔了个屁股墩。

但令我惊奇的是，儿子并没有哭，当我把他抱起来时，他只是非常迷茫地向刚才摔倒的那个地方看。

之后，儿子在我怀中挣扎，我把他放下来，他又朝着草丛的方向走去，但就在距离草丛不远的地方，儿子忽然停下了。这下儿子变聪明了，他先是趴下，然后慢慢地朝台阶爬去，到了台阶的边缘，他先用手试了一下台阶的高度，然后把身体转过，慢慢地把脚放到台阶下边，终于，儿子自己顺利地通过了那个台阶。

当儿子再回来时，他手里拿了一朵已经被他捏扁了的喇叭花，我这才明白，儿子费劲儿地想穿过那个台阶，为的就是要采这朵花。

当孩子在某地挨摔之后，绝大部分家长都不会再允许孩子独自去那个地方玩。例如，就拿上述案例中的情况来说，当孩子再次去台阶那边玩时，绝大部分家长都会边阻止孩子的行为，边这样警告孩子："不要再去那边玩了，那边危险，会把你摔伤的！"但家长的这种做法只会增加孩子对台阶的恐惧感，约束孩子的探索欲望，当然，更重要的，家长的这种做法使孩子错过了一个非常重要的成长机会。

"在哪里跌倒了就在哪里爬起来"，家长们常常用这句话来教育那些已经具有了理性思维的大孩子。而事实上，这句话对于还没有理性思维的幼小的孩子同样适用。

就拿上述案例中的情况来说，孩子因为没有注意到台阶而跌倒，如果家长因此就限制孩子再到台阶那边去玩，那孩子很有可能从此一遇到台阶就会产生恐惧感。当然，孩子还可能从此对台阶产生极强的好奇心，从而趁家长不注意时再去探索台阶，其实这更增加了孩子发生危险的可能性。

但上述案例中的家长的做法却非常科学，她不去干预孩子的任何探索活动，而是在"暗地里"悄悄地关注孩子的行动。在这一过程中，孩子不仅"战胜"了台阶，真正做到了"在哪里跌倒了就在哪里爬起来"，而且正因如此，孩子还会产生强烈的成就感，从而使孩子的自我意识也得到发展。

在孩子的行走敏感期，家长一定要让孩子尽情去活动腿和脚

所以，为了孩子能力的发展，家长一定要给孩子足够的自由，让孩子尽情去活动腿和脚，尽情去享受行走所带来的乐趣。当然，家长不要以为孩子这个行走的敏感期会延续很长时间，事实上，当孩子能够独立行走之后，他们的这个敏感期很快就会消失。一旦孩子的这个敏感期消失，他们就会对疲劳特别敏感，也许还没有几步，就要求家长"抱抱"。因此，家长一定要趁着行走敏感期这个机会，尽量地培养孩子腿脚的行走能力。

6 语言的敏感期

一位家长曾这样讲述：

一次，我给3岁半的儿子讲完故事后，从他嘴里突然冒出这样一句话："妈妈，我捏死你！"说完之后，还认真地瞅着我的脸。

我一下愣了，等我反应过来后，严肃地对他说："不许说这样的话！"但儿子没有理我便跑开了。

之后，儿子就变得无法无天起来，不知什么时候就会从他的嘴里"蹦"出这样的话："我踢死你！""我想把你放到绞肉机里绞成肉酱！""我要把你的头打起一个包，那个包要跟苹果一样大！"……

在教育三四岁这一年龄段的孩子时，家长们常常会为这样一件事情而烦恼：不知什么时候，孩子的嘴中就会蹦出一些骂人或诅咒的语言，并且家长越阻止，孩子使用这些语言的次数越多。为什么会出现这一现象呢？

其实，这些迹象统统都表明，孩子进入了语言的敏感期。所谓语言的敏感期，是指孩子在学习和使用语言的过程中所表现出来的一种特殊现象。就像上述案例中的情况，因为孩子刚刚体会到骂人语言的威力，所以他要不断地进行练习，以证明其威力。所以，在这种情况下，孩子并不是想侮辱或咒骂某人，他仅仅是在试验语言的威力。所以，在这种情况下，家长越是阻止孩子，孩子使用这些语言的次数就越频繁。

一般来讲，孩子早期对语言的敏感性在1岁半到2岁之间就已经出现了，这一年龄段的孩子对语言非常敏感，他们能够学习周围环境中不同的声音和语言。在这一阶段，家长会发现孩子常常会"咿呀"着与家长对话，或"咿呀"着自言自语，其实，这就是他们语言的雏形。以此为标志，孩子正式进入了语言的敏感期。之后，大多数孩子的语言敏感期都会持续到6岁之后。

读到这里，也许有家长会问："这个语言敏感期是不是会对孩子语言能力的发展产生影响呀？"

答案是肯定的。确切来讲，这个语言的敏感期还是可以细分的：3岁之前是孩子学习语言的敏感期，6岁之前是孩子运用语言的敏感期。

3岁之前是孩子学习语言的敏感期

我们可以毫不夸张地说，在3岁之前，孩子毫不费力就能学会语言，但如果孩子错过了学习语言的敏感期，即使孩子付出数倍的努力，也不一定能取得满意的成果。

孩子对语言的运用也是如此，如果家长不了解孩子在语言敏感期的某些表现，孩子很容易就会养成不良的语言习惯。例如，刚刚学会说话的孩子喜欢用"婴儿语"与家长对话。例如，把

"是的"说成"系的"、把"老师"说成"老西"等,如果家长也用同样的语言与孩子对话,那孩子很容易就会养成不良的语言习惯。

那么,具体来讲,家长应该如何帮助孩子利用语言敏感期提高孩子的语言能力呢?可以借鉴以下几种方法:

● 了解孩子在语言敏感期的特殊表现

> → 重复和模仿,拉开了语言敏感期的序幕
> → 骂人,是孩子在验证语言的威力
> → "说"悄悄话和打电话,是孩子对语言的一种探索
> → 口吃,是因为孩子的逻辑思维能力发展了

在语言敏感期,孩子常常会表现出以下几种特殊现象:

1. 重复和模仿

一位妈妈讲述过这样一件事情:

一次,我在厨房做饭,刚刚学会说话的女儿在客厅里玩积木。忽然,我听到女儿叫我,急忙跑到客厅问她:"怎么了,宝贝?"女儿笑着冲我摇头。看女儿没事,我又回到厨房,没过两分钟,女儿又叫我,我跑过去,女儿依然笑着冲我摇头……就这样反反复复好几次,我真不知道女儿这是怎么了!

是的,大多数刚刚学会说话的孩子都喜欢重复同一个词,或同一句话。例如,他们会不停地喊"妈妈",妈妈回答"哎";他们再喊,妈妈再回答……就这样,这种"喊"与"应"的游戏会重复很多次。

孩子为什么会出现这种奇怪的行为呢?

其实,如果家长从孩子的角度来分析,就不会觉得这种行为奇怪了。孩子之前不了解语言,也没有使用过语言,他们仅仅是无意识地模仿着他人的行为。但突然有一天,他们发现,一个词

语与一个物品能够配上对，这会令他惊喜不已。于是，之后他们就开始有意识地重复这种配对行为。就像上述案例中女儿的做法，在自己的一叫和妈妈的一答中，孩子正体验着语言所带来的乐趣。这种重复行为就是孩子在语言敏感期的最初表现形式。

在这之后，孩子很快就会放弃这种简单的重复行为，而进入更为"高级"的重复阶段。在这一阶段，孩子常常就像一个小鹦鹉，别人说什么，他也说什么；别人问他话，他不回答，只是重复。

以下是一个将近2岁的孩子与妈妈的对话：

妈妈：今天晚上你想吃什么？

孩子：今天晚上你想吃什么？

妈妈：你这孩子怎么这么淘气！

孩子：你这孩子怎么这么淘气！

妈妈：再淘气妈妈不喜欢你了！

孩子：再淘气妈妈不喜欢你了！

……

在这一阶段，孩子为什么总是重复别人说的话呢？

这是因为孩子很快就发现一句话能表达一个意思，而在这个时候，孩子已经有能力模仿一句话了，所以，他乐此不疲地开始了这种模仿的游戏。

大多数家长常常把孩子的这种模仿行为看做是孩子淘气的一种表现，当然，有些家长还常常阻止孩子的这种行为，其实，家长的这些做法都是不科学的。模仿是孩子最重要的一种学习语言的方式，如果家长剥夺了孩子模仿的权利，那孩子语言能力的发展速度将会大大减缓。所以，在这一时期，家长与其去纠正孩子的这种模仿行为，不如有意识地读书给他们听，从而引导他们模仿更精确、更优美的语言。

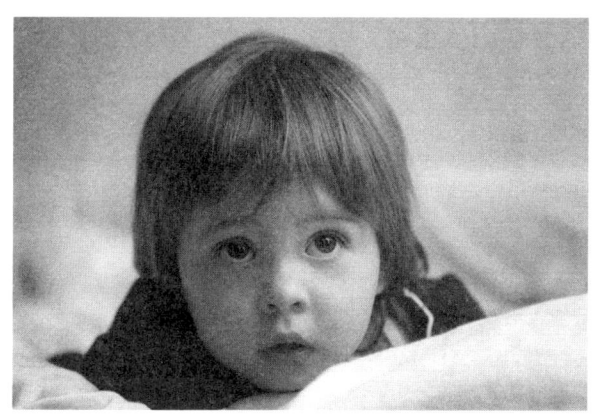

模仿是孩子最重要的一种语言学习的方式

2. 骂人和诅咒

当孩子掌握语言后,家长会发现,孩子常常会冷不丁地说一些莫名其妙的话。例如,"我打死你"、"你是猪"等。而且,一旦他们学会了一句这样的语言,就常常乐此不疲地使用。

为什么会这样呢?

这是因为随着年龄的增长,大约到了2岁半左右,孩子的自我意识开始萌芽,这时,孩子会惊奇地发现,语言是一种力量:有时,语言能使大人发脾气;有时,语言能使人伤心落泪……正是因为这个原因,孩子开始没轻没重、快乐地试验语言的力量。

另外,由于家长们对这些骂人或诅咒的语言都非常敏感,当孩子使用这些语言时,家长要么强行制止孩子,要么对孩子大发雷霆。在这种情况下,孩子更加深刻地感受到了语言的力量,体会到了语言所带来的快感,所以他们就更加喜欢使用这些语言。

那么,面对孩子这些骂人或诅咒的语言,家长应该如何科学地对待呢?

一位家长这样分享经验:

某天早上,我正给3岁的女儿穿衣服,她忽然说了一句:"臭妈妈,你弄痛我了!"我一愣,但马上反应过来了,女儿是进入了使用语言的敏感期。

我没有生气,而是平静地对她说:"衣服穿好了,快去洗漱吧!"女儿的脸上露出有些惊奇又有些奇怪的表情,但她仍然不甘心,重复使用着那句语言:"臭妈妈、臭妈妈……"我装作没有听到,仍然忙着手中的家务。最后,女儿终于沉不住气了,她一边摇我的胳膊,一边对我说:"妈妈,我在说'臭妈妈'!"

我平静地对她说:"妈妈听到了,现在早餐时间到了,我们去吃早餐!"看我没有明显的反应,女儿只好放弃了这个不好玩的游戏。

之后一段时间,女儿开始在全家范围内运用这种语言,管奶奶叫做"老臭奶奶"、管爷爷叫做"臭老头爷爷",偶尔还会"赏"我这样一句话:"臭妈妈笨,笨得像小猪!"……

但为了帮助女儿度过这个敏感期,我们全家达成一致意见,不管孩子运用多么"恶毒"的语言,我们不做出任何反应。终于,两个月之后,也许女儿觉得这个游戏非常没意思,便彻底放弃了这个游戏。

这一阶段,家长应对孩子那些骂人的话最好的方式就是不做任何反应

是的，家长应对孩子那些骂人或诅咒的语言最好的方法就是不做任何反应。发现了语言具有力量之后，孩子一边在试验语言的力量，一边与身边的人玩"我要激怒你"的游戏，但如果家长对孩子的这种游戏不做反应，那孩子很快就会觉得没意思，进而主动放弃这个游戏。

由此我们可以这样说，对待 2~6 岁这一年龄段孩子的骂人行为，我们最不明智的做法就是急于纠正孩子的行为，或是对孩子发怒；而科学的做法是，继续做自己该做的事情，对孩子的这些语言不做任何反应。

3. "说"悄悄话和打电话

一位家长这样讲述：

最近一段时间，我家 3 岁半的女儿突然非常喜欢趴在别人耳边说悄悄话。一天，我正在看电视，女儿又来对我说悄悄话，说完之后，还非常高兴地问我："妈妈，听明白了吗？"我摇摇头说："没有。"女儿趴在我耳边继续说，这时我才发现，她仅仅是嘴唇动，根本没有发出声音。"说"完之后，女儿又问我："妈妈，听明白了吗？"我知道，如果我还说"没听明白"，女儿就会一直对我讲她所谓的悄悄话。于是，我点着头认真地说："听明白了。"这下，女儿才满意地玩起手中的玩具来。

大多数家长都会对孩子这种无声的悄悄话感到奇怪，其实，这仍然是孩子语言敏感期的一种特殊表现。随着对语言使用次数的增加，孩子又会发现语言有更多的表现形式，例如，可以在很多人面前大声喊，也可以是两个人之间的小声说话，所以，孩子常常会通过这些无声的悄悄话来感受语言的魅力。当然，如果家长能够配合孩子，与孩子一起展开想象，不仅可以使孩子的语言表达能力得到锻炼，而且对孩子的思维能力也有一定的提高。

一位家长这样分享经验：

之前孩子跟我说过很多次无声的悄悄话了，这次我决定改变一下"策略"。这天，儿子又凑到我耳边"讲"悄悄话，"讲"完之后问我："爸爸，你听到了吗？"

"听到了，你是不是对爸爸说你非常喜欢爸爸呀？"我郑重其事地问儿子。

儿子脸上的表情先是非常奇怪，而后又非常兴奋，他又趴在我耳边讲悄悄话。与之前不同的是，儿子这次的悄悄话有声了，我清清楚楚地听到儿子说："爸爸，我爱你。"

我也凑到儿子耳边，用悄悄话对他说："儿子，爸爸也爱你。"

我的这一举动极大地调动起了儿子的兴奋点，他又用悄悄话对我说："我还爱妈妈、奶奶、爷爷，还有幼儿园的老师和小朋友们。"

……

就这样，儿子学会了说悄悄话。在这之后的很长一段时间里，我们爷儿俩都用这种悄悄话的方式交流。

由这位家长的分享我们不难看出，如果每一位家长都能拿出足够的爱心和耐心来对待孩子，不但孩子能够健康快乐地成长，家长也常常能够体会到由孩子成长而带来的乐趣。

语言给孩子带来的乐趣是无穷无尽的，当孩子还没有完全放弃讲悄悄话的游戏时，他们又会对接电话产生浓厚的兴趣。家长们常常会发现这样的场景：电话铃一响，孩子第一个飞奔着跑到电话旁，拿起话筒就说："请问你找谁？好的，好的，再见，拜拜。"说完之后就把话筒放下，中间一点儿也不停顿，根本就不给对方说话的机会。

这同样是孩子对于语言的一种探索。随着生活经验的增加，孩子会发现：语言不仅可以从人身上发出来，还可以从机器里发出来。这种奇妙的发现会令他们兴奋不已,但由于他们对接电话的过程和礼节并不了解,所以才会闹出这样的笑话。

其实,在这种情况下,家长不妨教孩子一些接电话的知识,然后再引导孩子去接电话,与电话那边的人沟通,这同样是锻炼孩子语言能力的一种方式。

4. 结巴和用新词

当孩子到了三四岁左右,很多家长会发现孩子经常有"口吃"行为。在这种情况下,家长常常会严厉地批评孩子:"好好说话!""说慢点儿,别结巴!"但往往家长越批评孩子,孩子的口吃现象越严重。

为什么会出现这种现象呢?

其实,孩子的这种口吃现象是正常的,这是孩子思维发展的一种表现。到了三四岁这一年龄段,孩子开始有了逻辑思维的能力,随着语言能力的提升,他们希望用更新的词语和句子来表达自己的想法和对这个世界的认识。但在这个时候,孩子的语言储备往往跟不上他们思维发展的速度,也就是说,他们的语言和思维常常会出现脱节。所以,孩子才常常会表现出口吃。

如果孩子在这一阶段出现口吃行为,家长需要给孩子
提供一个宽松的语言环境,而不是严厉批评

确切来讲,在这个年龄段,孩子的这种"口吃"并不是真正的口吃,因为随着年龄的增长,当他们掌握的词汇量足以表达他们的思维时,这种口吃现象很快就会消失。所以,在这种特殊的时候,家长需要给孩子提供一个宽松的语言环境,并放低自己的要求,以帮助孩子顺利度过这一特殊时期。

例如,当孩子出现结巴行为时,家长可以这样和蔼地对孩子讲:

"别着急,慢慢说!"

"你是不是想说'星期天想让妈妈带着去公园玩儿'?"

……

● 了解孩子语言能力的发展历程

> → 0~1岁——引导孩子感知语言,并练习最基本的发音
> → 1~3岁,语言的爆发期与高速发展期

孩子对语言的认识以及语言能力的掌握是有规律的。一般来讲,在0~3岁这个语言敏感期,孩子学习语言的过程分为两个阶段:

一是语言前期,即从孩子出生到1岁,这一阶段孩子的主要任务是感知和认识语言,为学习语言做准备。

二是语言期,即从1岁到3岁,在这一阶段,孩子的主要任务是通过模仿练习发音、学习语言。

以下,我们将详细地讲解孩子在这两个阶段语言能力的发展历程。

1. 语言前期(0~1岁)→通过肯定鼓励孩子发音

(1)从出生到第一个月

研究表明,刚刚出生几天的婴儿就能辨别外界不同的声音。例如,他们对母亲的声音特别偏爱,能够根据母亲的声音判断母

亲的情绪等,这些都表明孩子对语音有一定的感知能力。

所以,为了锻炼孩子对语音的敏感性,不管孩子是睡着还是醒着玩耍时,家长都没有必要刻意保持房间的安静,而是应该让孩子处于自然的状态中来感知外界的声音。桌椅挪动的声音、人走路的声音、窗外小鸟的声音……这些声音对于孩子来说都是最新鲜的声响。在这种自然的声响环境中,孩子对声音的感知能力会一点点地提高。

(2) 2~3个月

在这个时期,孩子已经能够发出喃语声,例如,吃饱后,他们会"哼哼"着发出很满足的声音。这时,如果家长模仿他们的声音会给他们带来很大的肯定,可以激发他们继续练习发音。

(3) 3~4个月

在这一阶段,孩子的视力已经发展到可以看清照顾者的轮廓,这时,家长每天可以抽时间与他们四目相对地聊天,或念一段押韵的儿歌给他们听。

(4) 5~6个月

在这一时期,孩子已经能够发出"啊、啊"的声音了,这时,如果家长回应着孩子的这些声音与孩子聊天,孩子会因为受到了鼓励而发出更多的声音。在这一时期,孩子对一些叠音词非常感兴趣,如"妈妈"、"爸爸"、"奶奶"、"爷爷"等,家长可以念给孩子听。

当然,在这一时期,家长还应该注意这样一点,不要把任何物品的名称或动作都以叠字呈现。例如,很多家长习惯对孩子运用这样的语言:吃饭饭、戴帽帽、小狗狗等。虽然这一阶段的孩子很喜欢这样的语言,但这却很容易把孩子带入误区,使孩子养成不良的说话习惯。

对此,教育学家蒙台梭利这样认为:在3岁之前,孩子处于语言的敏感期，所以学习语言对他们并没有难易之分，但在这时候，语言的准确是最重要的。

(5) 7～8个月

在这一时期，孩子已经能够听懂一些语言了，例如，他们会根据家长的指令做出拍手、握手等动作。在这一时期，家长应该抓住一切机会，用正确的语言与孩子多说话。

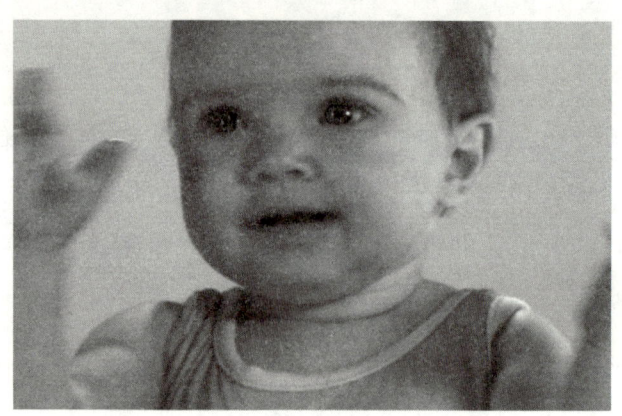

这一阶段的宝宝已经能够听懂一些语言了

例如，在帮孩子穿衣服时，妈妈可以一边穿，一边这样对孩子说："妈妈帮宝宝穿衣服了，先穿左手，再穿右手，接着我们来扣扣子，一个扣子，两个扣子……好了，衣服穿好了。"如果每天穿衣服时，家长都能给孩子重复这样的语言，孩子很快就能把家长的语言和动作联系起来。更重要的是，在这一过程中，孩子还能对很多概念有深刻的认知，例如，左右手的概念、衣服上扣子的概念以及扣子数量的概念等。

(6) 9～11个月

在这一阶段，孩子已经能够发出很多语音了，例如，会喊"爸爸"、"妈妈"等。他们还会用指物来表达想要的东西，用摇头来表示反对。这一时期，孩子对一些拟声词很感兴趣，例如，听到某些动作发出的声音，他们会笑着去模仿。

在这一时期，为了激起孩子学习语言的兴趣，家长在与孩子说话时，可以多用一些拟声词。当然，家长还可以放一些儿歌给孩子听，例如，"小鸡叽叽叫、小鸭嘎嘎叫、小狗汪汪叫……"孩子听到这样的语言或儿歌会非常开心，当然，他们也会跟着模仿。

对于孩子来讲，前语言期是他们掌握语言的基础，在这一时期，孩子最主要的任务就是感知语言，并练习最基本的发音。所以，家长一定要抓住孩子的这一语言敏感期来提高孩子的语言能力。

2. 语言期（1-3岁）→通过引导让孩子练习语言

（1）1岁

在这一时期，孩子已经懂得简单地运用语言这种工具，但在很多时候，他们常常用一个字或几个字来代替一句话。例如，当他们吃苹果时，他们会指着苹果说："妈妈，我吃！"其实，这是孩子学习语言的最佳时刻，这时，家长就可以引导孩子把话说完整。例如，家长可以引导孩子这样说："宝贝，你是不是想吃苹果呀，你可以这样对妈妈说：'妈妈，我吃苹果'，来跟着妈妈说一遍。"通过家长这种耐心的引导，孩子很快就能学会说整句话。

当然，在这个过程中，家长们还应该注意这样一点，在教孩子说话时，家长一定要专一，要让孩子能够看到自己的唇型，家长这种认真的态度是孩子学习语言的动力之一。

（2）1岁半~2岁

在这一时期，孩子已经能够清楚地感觉到，所有的事物都是有名字的，这时，他们对语言的学习欲望特别强烈，常常会不停地问家长："这是什么？""那是什么？"

所以，在这一时期，家长一定要多多引导孩子认识事物。例如，在给孩子洗澡时，家长可以把身体的各个部位的名称教给他，

如胳膊、腿、手腕等。可以引导孩子说出这些部位的名称,例如,家长可以问孩子:"你想洗什么地方呀?"

(3) 2~3岁

到了2岁之后,孩子就进入了"语言爆发期"。在这一时期,孩子不仅常常会自言自语,还常常会模仿他人说话,这些都是孩子学习语言的基本方式。

到了2岁半之后,孩子有了"我"的概念,他们所说的话基本上都已经很完整了。更令家长感到欣喜的是,孩子已经能够叙述不在眼前的事物了,例如,回忆白天在幼儿园时发生的事情,想象明天将要做什么事情等。

在这一时期,家长可以找一些简单的图画书给孩子看,也可以有意识地引导他们阅读。

● 引导孩子用语言代替哭泣——转换孩子的思维方式

→ 用语言代替哭泣,是孩子的必修课之一

我曾看到过这样一个教育场景:

一个2岁的孩子在玩小皮球,一不小心,他的小皮球滚到床底下去了。因为自己没有办法够到球,于是,他指着床下,并试图用哭声来吸引妈妈的注意力。可妈妈正忙着,也许是孩子的哭声惹得她心烦了,她不分青红皂白地就在孩子的小屁股上打了两下,并严厉地指责孩子:"哭什么哭,别哭了!"但孩子的哭声却越来越大了。

在生活中,这样的教育场景比比皆是,家长的这种教育方法会给孩子带来什么呢?如果要让我们讲一下这位家长这种教育方法的缺点,我们往往能够讲出一箩筐。例如,伤害孩子的心灵、扭曲孩子的性格、抑制孩子智力的发展……但就眼前来看,这位家长促使孩子学会了错误的思维方式——遇到困难就哭。

用语言代替哭泣是孩子的必修课之一

在生活中，我们还会常常看到这样的教育场景：

吃饭时，孩子不小心被粥烫着了，家长这样安慰孩子："这粥真坏，把宝宝烫着了，宝宝不哭，我们把它倒掉！"但宝宝的哭声却越来越大。

是的，这同样是家长误导孩子思维方式的一种表现。在孩子学习语言的敏感期，他们不仅在学习事物的名称等具体的知识，还在学习逻辑关系、因果联系等抽象的知识。在上述案例中，家长就向孩子传达了一种错误的因果关系。孩子不小心被烫着，这本是孩子自己的错误，但家长却把责任推向"粥"，在这种情况下，孩子自然会觉得委屈，便用"哭"来表达自己的情况。

读到这里，也许有家长会问："那我们应该如何教孩子正确的表达方式呢？"

让我们一同来看看这位家长的经验之谈：

一次，我在厨房做饭，儿子自己在客厅玩游戏。不知什么原因，家里忽然停电了，因为客厅的窗帘已经拉上，我想孩子肯定

会被黑暗吓得哭起来。但令我感到奇怪的是,孩子一直在客厅里喊:"妈妈,我怕……"直到我把他抱在怀里,他才哭了几声。

我想,孩子之所以能学会这种正确的表达方式,与我平时对他的引导有很大的关系。

例如,当孩子学会说话后,在很多情况下,他还是常常用哭闹行为来代替语言表达。一次,我买了一些糕点,给了他一块后,他很快就吃完了,然后就指着放糕点的袋子哭。我故意问他:"你想要什么呀?告诉妈妈,妈妈就给你拿。"

"糕点。"他仍然带着哭腔说。

"别哭了,好好对妈妈说。你说:'妈妈,我想吃糕点。'妈妈马上就拿给你。"

"妈妈,我想吃糕点。"

终于,儿子如愿以偿地得到了糕点。

是的,这个孩子能够学会正确地表达自己,与家长正确的教育方法有很大的关系。在0~3岁这一阶段,孩子正处在学习语言的敏感期,这时,孩子学到的不仅是一些具体的语言,还是一种思维方式。

就拿上述案例中的情况来说,在黑暗的情况下,孩子之所以懂得先用语言来表达自己内心的感受,再用哭泣来发泄自己的情绪,而不是直接用哭闹来表达自己的感受,是因为在平时的家庭教育中,孩子养成了这样的思维方式:先用语言表达出自己的感受,或先用语言来向成人寻求帮助,再发泄自己的情绪。

第二章

2~3岁左右

伴随着孩子的成长，家长们会发现，那个曾经一无所知的小家伙开始有了自己独特的视角，并且开始变得有些任性了。例如：

当成人都在关注某人的漂亮发型时，他们却盯着这个人耳边的一颗痣不放；

当事情不符合他们的心意时，他们会要求家长一遍一遍地重来，否则就会大哭；

他们迷恋上了"过家家"的游戏，并热衷于在这种小把戏中担当成人的角色；

……

在这些行为中，家长都能感受到孩子在成长，但与此同时，家长们又常常会表露出自己的担心：孩子最难缠的时刻就要到来了。

其实，只要家长能够真正读懂孩子的行为，在孩子的整个成长过程中，根本就不存在"难缠"的阶段。

就拿孩子在2～3岁左右表现出来的那些"任性"的行为

来说：

孩子之所以会一遍遍地重来，是因为家长的行为打乱了他们内心的某种秩序，使他们产生了不安全感，这就是孩子秩序的敏感期。

成人的一些玩笑话之所以能够促使孩子大哭，是因为成人的态度或语言使孩子的自尊受到了伤害，在这一时期，他们正在经历着一个自尊的敏感期。

当然，在 2~3 岁左右，孩子要经历的敏感期还有很多，在本章中，我们将详细地为家长们一一讲述。

1 空间敏感期

一位家长曾这样说过：

我家女儿2岁了，最近她对带孔的事物特别感兴趣。每次喝完酸奶，装酸奶的小瓶就成了她最好的玩具。她会把吸管抽出来，然后再努力把它插到酸奶瓶的小孔里。因为女儿的手还不是很灵活，所以每次完成这个动作，她都会长长地吐一口气，就像刚才一直在屏住呼吸一般。

不仅如此，女儿还对其他插小孔的游戏非常感兴趣。例如，把钥匙插到锁上再拔出来，把手伸到瓶子里再迅速地拔出来……

当孩子迷恋上与小孔有关的游戏时，这说明他们已经进入了空间的敏感期。因为这时，孩子已经具备了一定的空间感觉。

事实上，孩子对空间的敏感是随着手的能力的解放一点点发展起来的。孩子最早的空间认识是这样的：他们发现一个物体与另一个物体是分离的。所以，这些处在空间敏感期的孩子常常爱玩这样一个游戏：把桌子上的物品都扔到地下，家长帮他们捡起来，他们再扔；家长一直捡，他们一直扔。

很多家长常常把孩子的这种行为看做是一种捣乱行为，有时甚至还会严厉地批评孩子。其实，在这些情况下，家长的这种态度对孩子的行为是没有约束作用的。物体与物体之间是分离的，孩子才发现这一重大"秘密"，自然要好好地探索探索。

当然，在生活中，很多不了解孩子敏感期的家长，一直想把孩子培养成一个循规蹈矩、听话的孩子，他们在极力约束孩子的这种"破坏"行为,但家长的这种做法会给孩子带来哪些影响呢?

一位幼儿园的老师曾这样向我描述一个孩子:

这个孩子好像对所有的事情都不感兴趣。我让他画画,他就按照书上的图例循规蹈矩地画。但当我让他与小朋友一起玩游戏时,他却摇着头坐在自己的座位上不动。当我让小朋友们自由发言,或者自由表演节目时,他从来没有参与过。

我曾试着用很多方法来调动他的积极性,但他的积极性总是很短暂,而且没有我的鼓励和引导,他从来不会主动表现自己。

在生活中,相信家长们也常常会接触到这种类型的孩子:我们可以说他们冷漠,也可以说他们缺少好奇心,总之,他们对一切事物都不感兴趣。虽然他们在家长眼中是循规蹈矩的孩子,是乖宝宝,但他们的想象力和创造力往往很差。

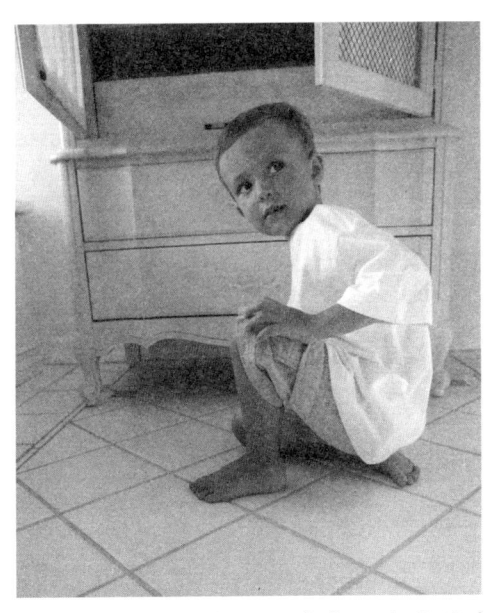

如果不了解孩子的空间敏感期,家长约束的
不仅仅是孩子的空间发展能力

由此我们也可以这样说,如果不了解孩子的敏感期,家长约束的不仅仅是孩子空间能力的发展,还有可能是孩子的想象力、创造力以及更多智力潜能的发展。

读到这里，也许有家长要问："那么，面对孩子在空间敏感期里表现出来的这些'捣乱'行为，我们应该怎么做呢？"

其实，在解决这一问题之前，家长首先应该知道孩子进入空间敏感期的表现有哪些。

1. 喜欢探索一些带孔的物品和空间

一位细心的妈妈这样讲述自己儿子的成长经历：

2岁的儿子喜欢上了玩门上的锁。一天，我正想出门，却发现门锁的孔里装着好几枚硬币，我费尽力气把它们拿出来，跑去卫生间洗手，又发现儿子的脸盆下面藏着几块小积木和一串钥匙，不用说，这一定又是这个空间敏感期里的"小淘气"干的好事……

是的，当孩子处于空间敏感期时，一个带盖的或带小孔的小瓶就可以成为他们最好的玩具。他们通过打开盖子、扣上盖子，把吸管插到小瓶的瓶孔中等行为来体验空间的存在，并从中感受到乐趣。

在这种情况下，孩子往往能自己玩上半个小时。这时候，家长给孩子提供帮助或打断孩子的做法都是错误的，只能让孩子产生一定的挫败感。其实，在这种情况下，家长最明智的做法就是做一个沉默的欣赏者，欣赏孩子的这种游戏，等待孩子取得成功。

2. 对捉迷藏的游戏"情有独钟"

进入空间敏感期后，家长会发现孩子忽然很喜欢捉迷藏这个游戏，例如，他们常常会把自己藏到桌子底下或柜子里。其实，孩子之所以会热衷于这个游戏，不仅仅是因为他们喜欢玩，更是因为这个游戏本身就是对空间感的一种探索。

一个空间里能够容纳别的物体，尤其是能把自己的身体放入其中，这对于幼儿来说是非常神奇的事情。所以，他们要用自己的身体去体验这种神奇感，去感受空间给他们带来的乐趣，这也是他们对捉迷藏这个游戏"情有独钟"的主要原因。

3. 喜欢玩垒高的游戏

一位妈妈曾这样描述自己2岁半的儿子：

这段时间以来，儿子喜欢上了垒高，但他已经不满足于垒积木，而是发展到了垒大件物品。例如，他会把家里的小椅子搬到一起，一张张地把它们垒起来变成椅子"高塔"，然后再小心翼翼地把这个"高塔"当车子来开……

的确，喜欢垒高也是空间敏感期里孩子的一个主要特点，他们常常通过这种垒高又推倒的过程来感知空间的存在。

同时，在这一阶段，孩子不仅喜欢垒高，对爬高也非常感兴趣，例如，他们喜欢爬楼梯、爬桌子、爬窗台等等。当然，等孩子的这一能力得到提升之后，他们还会突然从高处向下跳，以此来感受他们周围的空间。所以，在这一阶段，家长既不能阻止孩子对空间的探索，又要想办法保证孩子的安全。

4. 喜欢旋转

孩子对空间的探索还有一种很奇怪的表现，那就是——旋转。

一位妈妈曾这样描述：

前段时间，茗茗喜欢上了玩转圈的游戏，刚开始，她不停地围着大人转来转去，后来也许是觉得不过瘾，便站在原地不停地转圈。对于这种简单的游戏，她总是玩得很开心，转完之后就会咯咯笑着露出十分满足的表情。

当孩子进入空间的敏感期之后，几乎所有的孩子都会喜欢上旋转。因为这时他们突然发现自己生活在一个自由的空间里，所以他们要通过旋转来感受空间的存在，来感受自己身体的自由。

在这一时期，家长最好不要干预孩子对空间的这种探索，因为科学研究证明，旋转对孩子的大脑发育有促进作用。它不仅可

以提高孩子的平衡感和协调性，而且对孩子将来的写作和阅读能力的发展也有帮助。所以，这时，家长需要做的就是，为孩子提供一个适合旋转的环境。例如，让孩子在面积较大的客厅里旋转，把那些容易伤害孩子的障碍物，如带角的椅子、带棱的茶几等暂且搬开，等孩子顺利地度过这一空间敏感期后，再把客厅恢复原状。

具体来说，家长还可以用以下几种方法来引导这些空间敏感期里的"小淘气"：

● 做孩子背后那个"默默无语"的欣赏者

> → 约束孩子的行为，其实是家长在偷懒
> → 当孩子在尽情地探索空间时，家长的担心与帮助，反而会造成孩子安全意识的丧失

在家长眼中，当孩子进入空间敏感期时，他们常常会表现出很多奇怪的行为：

不停地扔东西；

对下水道井盖的洞眼特别感兴趣，不断地找东西往里面塞；

喜欢躲在桌子下、角落里玩耍；

喜欢爬高跳低；

……

很多时候，大多数家长常常会被孩子的这些行为搞得无可奈何又筋疲力尽。于是，他们常常会采用最省力的方法来教育孩子，那就是约束孩子的行为。然而，教育学家及儿童心理学家的研究都表明，家长们的这些做法是不科学的。因为在空间敏感期的背后，隐藏着孩子很大的心理需求，如果家长约束孩子的行为，那孩子的这些心理需求就会得不到满足。在这种情况下，孩子的心理以及潜能常常就得不到健康、健全的发展。

我们可以举这样一个例子，大多数孩子到了2岁左右都喜欢爬高跳低，但家长却常常以危险为理由制止孩子的这种行为，或帮助孩子完成这一探险过程。实际上，家长的这种行为严重阻碍了孩子心理的发展。

我曾看到过这样一个场景：

一个3岁的孩子要努力爬到家具上去，他的一只脚已经踩稳了一个支撑点，当另一只脚正在摸索、寻找另一个支撑点时，家长立刻把手伸到孩子的脚下，帮助孩子顺利地爬到了家具上面。

当孩子完成这一动作之后，家长还得意地说："我这不仅是在帮助他完成探索行为，而且还是在培养他的安全意识！"

这位家长的观念和行为是否正确呢？

答案是否定的。这位家长把手垫在孩子的脚下，帮助孩子顺利地爬到了家具上面，在他看来，这是在培养孩子的安全意识，但实际上，这种做法却造成了孩子安全意识的消失。因为有了这次被帮助的经验之后，孩子会永远觉得，当他踩空的时候，会有一只手来帮助他。在这种错误经验的影响下，在以后的探索行为中，孩子是很容易受伤的。

读到这里，也许有家长要问："当孩子处于空间敏感期时，我们应该如何培养孩子的安全意识呢？"

是的，在很多家长的观念中，这些幼小的孩子是鲁莽的、无助的，他们没有丝毫的安全意识。但儿童心理学研究却表明，家长们的这种观念是错误的，每个孩子都有很强的安全意识，即使正处在空间敏感期里的孩子也是如此。

在儿童心理学中，有这样一个试验：

把将近1周岁的小宝宝放在一个玻璃板上，在玻璃板的下面，他们能看到一个像是悬崖的东西。当小宝宝们爬到"悬崖"的边缘时，他们几乎都停止了爬行，停在那里哭泣，并不停地观看对面妈妈的脸色。直到妈妈给他们一个微笑，鼓励他们爬过去时，他们才会很小心地继续爬行。

由这个试验，心理学家得出这样一个结论，婴儿在几个月大的时候，自我意识就已经很强烈了。

所以，当孩子处于空间敏感期时，为了孩子心理的健康成长以及潜能最大程度的开发，家长要学着去承受一些压力。也就是说，如果你感觉孩子的行为有危险的话，不要把这种危险说出来，而是自己默默地去承受。因为只要你把这种危险说出来，实际上就是让孩子去承受危险，这在很大程度上会让孩子产生危险感，从而使孩子对空间、对世界的探索行为过早地消失。

孩子的空间敏感期，家长要给孩子足够的自由去探索

因此，作为家长，当孩子处于敏感期时，要学会做孩子背后的那个默默欣赏者，不要过多地担心孩子的"卫生"、"安全"等问题，而是给孩子足够的自由，让他们尽情地去探索、去体验、去成长。

当然，在我们周围，还有一些家长不甘于做孩子背后的那个

"默默无语"者，他们更希望自己是一个积极的家长，他们总是给孩子创造机会，让孩子去成长。

一位妈妈曾这样分享自己的经验：

自从儿子进入空间敏感期之后，我发现儿子特别爱"捉迷藏"，爱把自己藏在桌子下面、床底下、大衣柜里。正好，前几天家里刚买了一台洗衣机，看着大大的装洗衣机的纸箱，我立刻想到："要是把这个大箱子先给儿子当玩具，他一定会高兴得不得了。"

果然不出我所料，儿子先是把纸箱放倒，不停地爬进爬出，累得满头大汗也乐此不疲；接着又把他的小枕头、毛巾被、吃的、喝的、玩的、用的……都统统搬到纸箱里去，然后在里面睡觉。

我知道，孩子正在感受那小小的空间带给他的乐趣，所以，不管孩子如何"折腾"，我都不会去约束他。

这位家长就是一位积极的家长，她知道如何给孩子创造机会，让孩子去体验空间所带来的快感。每个孩子都是这样的，当他们意识到空间的存在时，就会不断地重复着从小空间进入大空间、从大空间进入小空间的行为……在这种重复和体验中，孩子能够对空间有更加深刻的认识。如果在这一阶段，孩子对空间的探索需求得到满足，将极大地有利于孩子将来走入社会。

◉ 引导孩子玩一些具有空间感的游戏

> → "你扔我捡"的游戏，让孩子体验更多空间快感
> → 玩积木，让孩子感知"大"与"小"的概念
> → 捉迷藏，让孩子感知"大空间"和"小空间"

大多数孩子的空间敏感期要从 0 岁持续到 6 岁。在此期间，孩子对空间的感知能力是逐步增强的，当然在这一过程中，孩子爱玩的游戏也是在不断变化的。在此，根据孩子对空间感知能力的

变化，为家长们推荐几种既简单孩子们又爱玩的游戏。

1. 与孩子玩"你扔我捡"的游戏

孩子最早对空间的感知是这样的：他们发现一个物体与另一个物体是分离的，所以他们喜欢把手中所能拿到的物体都扔出去，以此来体验"物与物分离"这一重大发现给他们带来的快感。

所以，在这一时期，家长不妨常常与他们玩"你扔我捡"的游戏。例如，家长可以把一些小的毛绒玩具等不易碎的物品放在孩子手边，让孩子尽情地去扔。每当孩子把手边的这些物品扔掉时，家长可以一边给他捡起，一边笑着逗他："能把这个玩具小狗扔这么远，你真厉害！"

家长这样做不仅可以使孩子体验到探索空间的快感，而且还能促进孩子自信心的成长。因为在这种情况下，家长的微笑和鼓励向孩子传达了这样一种思想：你的力量是强大的，你可以自由去探索。

在这一阶段，家长可以引导孩子玩一些具有空间感的游戏

当然，当孩子稍大一些时，家长还可以给孩子买一个带绳的弹力球，当他把球扔出去后，遇到障碍物或受绳子的约束，弹力

球会自己弹回来。对于孩子来说，这个玩具是神奇的，它可以使孩子更为强烈地体会到空间发现所带来的快感。

2. 与孩子一起玩积木，让他们感知"大"与"小"的概念

继"小孔"之后，孩子又会对垒高的游戏特别感兴趣，他们会把积木垒高、推倒，再垒高、再推倒，一遍又一遍的，一点儿也不会感到厌烦。

其实，垒高后再推倒，这是孩子对空间感受的一种过程，是最典型的感知空间的一种能力。所以，家长可以借这个机会，教孩子了解更多的关于空间的概念。

一位幼儿园老师是这样做的：

她和一个孩子一起玩用积木垒高楼的游戏。刚开始，孩子把小的积木放在下面，把大的积木放在上面，这时，老师并没有提醒孩子，而是任凭孩子继续向上垒。结果，孩子的"高楼"没垒太高便倒塌了，对此，孩子并没有失望，相反，他却流露出兴奋的表情。

当然，兴奋过后，他又表现出奇怪的神情，看样子好像在说："为什么会倒呢？"这时，老师指着那块大点儿的积木对孩子说："这是大的。"重复说了几次之后，又指着小的积木对孩子说："这是小的。"最后，老师把大的积木放在下面，然后依次向上垒小点儿的积木，渐渐地，"高楼"垒起来了。

看着拔地而起的"高楼"，孩子很兴奋，但他终于又忍不住把这个"高楼"推倒了。从那之后，虽然孩子垒的"高楼"还常常倒塌，但孩子已经能够准确地分辨出哪个是"大的"积木，哪个是"小的"积木了。

是的，在通常情况下，孩子对空间概念的理解都是在游戏的过程中获得的。所以，家长在与孩子一起游戏的同时，不妨利用孩子的空间敏感期，让孩子了解更多关于空间的概念。

3. 与孩子玩"捉迷藏",让孩子尽情体验"大空间"与"小空间"所带来的乐趣

当孩子对垒高的游戏不那么热衷之后,他们又会对一些狭小的空间特别感兴趣,例如,他常常会钻到大衣柜里、床底下去玩。所以,在这一时期,家长不妨多与他玩玩"捉迷藏"的游戏,让孩子尽情地体验"大空间"与"小空间"交替带来的乐趣。

为了让孩子更好地体验空间的交替,家长可以让孩子先藏起来,然后故意假装找不到他们,当孩子有些着急地喊出"我在这里"时,家长再假装发现了他们。在这一游戏中,孩子不仅可以感受到空间交替带来的快感,而且还可以体验到被家长发现、被家长关注的快乐。

4. 多陪孩子去玩蹦蹦床

伴随着对空间的探索,他们常常还会用自己的身体更真切地感受空间的存在。例如,他们会从床上直接跳到地上,用自己的身体体验床与地之间的距离。

蹦蹦床是一种孩子们既喜欢又安全的游戏,
能让孩子过足空间探索的瘾

当然，在这些情况下，最令家长们担心的就是孩子的安全问题。在这里，给家长们介绍一种孩子们既喜欢又安全的游戏，那就是带孩子去玩蹦蹦床。当然，这个游戏要等到孩子足够大时，如三四岁时才可以玩。

当孩子在蹦蹦床上弹跳起来的时候，他们能够真真切切地感受到那种升起来又落下去的感觉，这会让孩子过足空间探索的瘾。

② 关注细小事物的敏感期

一位妈妈曾讲述了这样一件事情：

一次，宝宝的姑姑特地来看他，因为来之前把头发烫了，所以她一进门就逗宝宝："宝宝，姑妈为了来看你特意把头发烫了，你看姑妈漂亮吗？"

然而，宝宝不但没有去关注姑妈新烫的头发，而是指着姑妈左脸的某一个部位兴奋地直嚷嚷。他这一嚷嚷，把大家的注意力都集中在了姑妈的左脸上面。

原来，姑妈的左脸靠近耳边的地方有一颗小黑痣，她特意想用卷卷的长头发来掩盖它呢，没想到这小家伙是哪壶不开提哪壶。

我就很奇怪，为什么姑妈新烫的头发他不关注，却去关注那个非常小的细节呢？

宝宝进入关注细节的敏感期，会特别关注细小的事物

其实，这是每个孩子都要经历的一个特殊时期——关注细节的敏感期。在这个敏感期，孩子的视野与成人的视野是不同的。成人善于用宏观的、开放的眼光看待周围的环境，而且往往会忽视环境中的微小事物，但孩子的视野却是关注细枝末节的，哪个事物微小，他们就会关注哪个事物。

所以，如果上述案例中的妈妈了解了这一知识，就不会觉得宝宝的行为奇怪了。因为宝宝正处于关注细小事物的敏感期，所以他的视野与成人的视野是不同的，当成人都在关注姑妈的新发型时，他却把关注点放在了姑妈特意想掩盖的黑痣上面。

一般来讲，孩子关注细小事物的敏感期出现在1岁半至2岁左右。在这一时期，细心的家长都会发现孩子常常会表现出这样的行为：

用手去捏床单上的线头、头发，捏起来之后扔掉，或直接放在嘴里；

耐心地蹲在一个小角落里观察小蚂蚁搬家，有时，这种观察行为甚至能够持续半个小时；

用拇指和食指去捏饭菜中的小豆子。

当然，如果受到周围环境的阻碍，如，家长经常打断孩子去观察事物，或者不允许孩子去关注那些细小的事物等，那么孩子这个关注细小事物的敏感期很有可能就会向后推迟，到孩子3岁左右，甚至到4岁时才表现出来。

读到这里，也许有家长要问："这个关注细节的敏感期对孩子的成长有什么影响吗？"

有的，它对孩子心理的发展以及观察能力的提升都会有一定的影响。如果在这一时期，家长不允许他们去关注细小事物，如，怕孩子把捏起的脏东西放在嘴里而对其进行制止，或不允许孩子用手去捏饭菜里的小豆子等，都会使孩子因心理的某种需求得不

到满足而受到伤害。

另外，对细小事物的关注其实就是孩子观察能力的开端，如果在这一时期，家长有意识地去培养孩子的观察能力，那么孩子将来很容易就能养成细心、仔细等好习惯。

值得注意的是，虽然每个孩子出现这些敏感行为的时间不尽相同，但有一点是可以肯定的，一旦孩子走过了这个敏感期，这个敏感期也许永远也不会再回来。也就是说，等孩子走过关注细小事物这一敏感期之后，即使家长刻意再让孩子去观察那些细小事物，孩子也不一定会对此感兴趣，在这种情况下，家长再去培养孩子的观察能力就会难得多。

每个孩子的成长都有其内在规律，在0~6岁这一过程中，孩子要经历多个敏感期。但大多数的敏感期都具有"一次性"，它们也会消失，而且一旦消失，不管孩子的心理有没有成长，也不管孩子的潜能有没有得到开发，它们永远也不会再次来临。

所以，当孩子关注生活中的细枝末节时，或者用心地观察他们感兴趣的事物时，家长不应该去打扰他们，而是应该通过适当的引导去保护孩子的观察兴趣。

● 了解孩子关注细小事物行为背后的心理原因

> → 因为本身的弱小，孩子才会更为关注跟自己同样弱小、细小的事物
>
> → 当孩子开始抢着要帮你扫地、擦桌子时，他就已经走过了关注细小事物的敏感期

在生活中，有很多这种类型的家长，在孩子成长的过程中，他们接受了"敏感期"这一概念，但他们心中仍然有这样的疑问："到了那个阶段，孩子为什么就会对细小的事物感兴趣呢？"

其实，从深层次来分析，这是孩子心智发展的需要。我们都

知道，从孩子刚刚出生开始，他们就仰望着我们。对于我们来讲，他们是非常弱小的，属于弱小群体。他们也希望自己高大、强大起来，但随着年龄的增长，他们知道，自己的这种弱小是一种无法改变的事实。于是，他们就会把关注点转移到跟自己同样弱小、细小的事物上面。

那么，孩子到底会关注哪些细小事物呢？

对于处于这一敏感期的孩子来说，他关注的事物可以是有生命的小动物、小植物，也可以是没有生命的纸屑、头发丝等。

一位妈妈曾讲述了这样一件事情：

不知从什么时候起，我将近2岁的女儿开始喜欢上了"收集"头发丝，每当她在床上发现一根头发时，都会兴奋地捏起来，并细心把它放到自己的枕头下面。

随着时间的增长，女儿枕头下面已经有一小团头发丝了，我觉得这非常不卫生。于是，趁女儿不注意，我偷偷地把这些头发丝都扔掉了。但令我没想到的是，我的这一行为竟然惹女儿哭了整整一下午。

我真不知道那些头发丝对她有这么重要！

读到这里，也许有家长会问："那些头发丝对于那个小女孩来说有什么特殊的意义吗？"

答案是肯定的。对于这些处于关注细小事物敏感期中的孩子来说，因为他们弱小，没有办法向父母表达爱，所以他们就把自己的爱与关注转移到那些细小事物上。在他们眼中，那些头发丝、纸屑等也是有生命的。就拿上述案例中的小女孩来说，她之所以会把那些头发丝放在自己的枕头下面，是因为她觉得这样可以保护它们，它们是她的"宝贝"。但当妈妈把她的"宝贝"扔掉时，她会伤心，同时妈妈的这种行为也会对她的心理造成一定的冲击。

也许家长们还会觉得孩子的这种行为不可思议,其实,在很多时候,这是孩子心智纯真的表现,是他们认识世界以及心理成长的一个过程。

在生活中,家长们也许常常会看到这样的场景:

两三岁的孩子喜欢蹲在草丛里观察蚂蚁,而且有时他们甚至能够一动不动地观察半个小时。观察之后,他们可能还会兴奋地告诉妈妈:"我刚才听到小蚂蚁在说悄悄话,它们说要把粮食运到洞里去……"

遇到这种情况,我们肯定会说:"这个孩子正处于关注细小事物的敏感期。"正是如此。那么,什么时候孩子才会走出这种敏感期呢?事实上,等孩子走过这一阶段,他们对周围环境的认识和兴趣就会上升一个层次:从对细小事物感兴趣转向对生活中一些具体的事物感兴趣。例如,随着年龄的增长,他们知道自己是生活在人群之中的,人群里的生活才是真正的生活,那些与小蚂蚁、小玩具之间的游戏都是虚假的。在这一时期,孩子会学着家长的样子做扫地、收拾玩具、擦桌子等工作,虽然在很多时候孩子的这些行为所起到的作用常常是负面的,但它代表的却是孩子的成长,孩子对周围环境认识的加深。当你发现孩子开始抢着要帮你扫地、擦桌子,或者像模像样地模仿你做家务时,说明他已经走过了关注细小事物的敏感期。

● 给孩子创造机会,让孩子体验观察的乐趣

→ 孩子用心做某事的行为,是一种很重要的"工作"
→ 日后孩子之所以不专注,是因为他在"工作"时常被打扰

对于我们成人来讲,如果让我们全神贯注地观察蚂蚁搬家,也许我们很快就会感觉到无聊透顶。但对于孩子来说,这却是一件充满乐趣的事情:有时,在蚂蚁搬家的道路上,孩子会故意设

置障碍，以使它们迷路；有时，孩子会帮助蚂蚁们把食物搬到洞口；有时，孩子会不停地猜测蚂蚁们到底在说些什么……总之，孩子会乐此不疲地观察他们所关注的小事物。

在教育大师蒙台梭利的著作中，她将孩子们用心做某件事情的行为称为"工作"，她认为，孩子的心理以及能力就是在这些"工作"中一点点成熟和发展起来的。当然，这一切有一个很重要的前提，那就是——在孩子"工作"的时候，他们不希望有人打扰。

相信大多数的家长对这样的场景并不陌生：

当孩子正在全神贯注地垒积木时，家长却一直催促孩子："宝贝，吃饭了，不然一会儿饭菜都凉了！"如果催促不起作用，大多数的家长都会硬性地把孩子抱到饭桌前，硬是把孩子从"工作"的状态中拉出来。

孩子在专注的工作时，不希望有人来打扰

当孩子正在观察他们关注的事物，或正在做他们感兴趣的事情时，他们常常是全神贯注的。在很多时候，他们的全神贯注程度是成人也无法比拟的。

蒙台梭利曾做过这样一个试验：

一个3岁的小女孩在专心地玩她的小玩具，这时，即使旁边有孩子在大声地吵闹，或是在做别的游戏，也丝毫不会影响到她。当成人把她从座位抱开，在被抱的过程中，她稍微表现出了一丝不安，但当她被放到另一个座位上时，她又专心地玩起了她的小玩具。这个专注的过程大约持续了半个小时，当专注行为停止时，她就像刚从睡梦中醒来一样，才意识到自己已经被转移了位置。

是的，当孩子专注地"工作"时，他们会把自己的整个身心都沉浸在"工作"之中。如果此时成人强行把孩子从"工作"的状态中拉出来，那孩子很有可能会无法适应环境的迅速变化，从而变得极不安全。也就是说，当我们对正在专注地玩玩具的孩子说话时，他们没有反应，是因为他们完全沉浸在游戏的世界里，根本没有听到我们的声音；当我们强行让孩子去做某事时，孩子之所以出现哭闹行为，是因为环境的忽然变化使他们的心理感觉到了不安全；日后孩子之所以不能专注地去做一件事情，与孩子幼时专注地"工作"时常常被打扰也有很大的关系。

由此我们可以这样说，为了孩子心理的健康成长，为了孩子专注等良好习惯的培养，我们不能随意去打扰孩子的"工作"。

● 引导孩子去观察大自然，提高孩子的观察能力

> → 强迫观察，反而会害得孩子不观察
> → 在关注细小事物的敏感期，大自然是最好的老师

提到孩子关注细小事物的敏感期，有家长曾这样说过："既然孩子对那些细小的事物如此感兴趣，那我们就把那些大大小小的

事物都放在孩子面前，让孩子随时都有机会去观察，顺便还可以引导孩子认识很多事物呢！"

是的，从表面上看，家长们的这种方法有一定的可行性，但实际上，家长们的这一观点是不科学的。的确，如果把铅笔、手电筒、豆子3种物品放在孩子面前，孩子的关注点很自然地就会落在豆子上；但如果家长是强制性地培养孩子的观察能力，或是故意教孩子认识事物，如把铅笔、手电筒、豆子3种物品摆在孩子面前，指着豆子对孩子说："这是豆子，那是……"这并不一定会引起孩子的兴趣，因为孩子只有先对某一事物产生了兴趣之后，才可能去积极地认知这一事物。

一位父亲曾分享了这样一件事情：

从儿子1岁多开始，我就开始教他："这是太阳，太阳是圆圆的；这是月亮，月亮是弯弯的……"尽管我教得很努力，儿子的学习热情总是不高。

一天傍晚，我带孩子散步回来时天已经黑了，在往回走的路上，儿子指着远处的楼房，并向那边挣扎，嘴里还不停地发出"嗯、嗯"的声音。

"你看到什么了？那边有什么？"我顺着儿子所指的方向望去，一轮明月正好挂在远处楼房的上方。

"那是月亮，你终于自己发现月亮了！"我兴奋地对儿子说，然后转了转身，让孩子以最好的角度观察月亮。

看着儿子认真观察的样子，我轻轻地对他说："那是月亮，月亮高高地挂在天空上，你看，它多漂亮呀！"

从这以后有一段时间，只要天一黑，儿子就会含糊不清地嘟囔着："月月、月月……"并且边用手指着外面，边向外面挣扎。

是的，对于这些刚刚认识世界的孩子来说，大自然是最好的老师。家长让孩子看过很多次识图卡片，也许孩子还是不知道月亮为何物，但当孩子自己在大自然中发现月亮时，往往只需家长教上一遍、两遍，孩子就会明白，当夜晚来临时，月亮就会出现在天空中。

对刚认识世界的孩子来说，大自然是最好的老师

由此我们可以这样说，只有让孩子更多地去接触和观察大自然，孩子才能获得更多的知识，才能更快地踏上搜集事实、认识真理的道路。

所以，当孩子关注细小事物的敏感期来临时，作为家长，我们不妨多带孩子去大自然中转一转。在这一过程中，孩子可能会发现一只小蚂蚁、两只小蝴蝶等，这时，家长可以适时地告诉他们："这是小蚂蚁，小蚂蚁的颜色是黑色的，它的力量可大了……"这不仅可以继续引导孩子的观察兴趣，而且在这一过程中，孩子所掌握的知识也会快速地增加。

当然，在这一过程中，家长要特别注意一点：不要带着很强的目的性让孩子去观察，例如，刚到大自然中，家长就开始滔滔不绝地为孩子介绍："这是××树，这是××河……"这不仅阻碍了孩子体验大自然的乐趣，而且还会促使孩子丧失观察的欲望。因为处于关注细小事物敏感期的孩子只愿意去关注他们感兴趣的那些事物，也只愿意去学习那些他们感兴趣的事物。

③ 秩序的敏感期

所谓秩序的敏感期，是指孩子对环境中物体的定向位置以及活动的次序十分敏感。一旦秩序遭到改变，孩子就会感觉到极度不安全，从而出现强烈的情绪波动。一般来讲，秩序的敏感期会从孩子出生后的第一年持续到 2 岁半左右。

确切来讲，秩序的敏感期在孩子出生后三四个月就已经显示出来了，但由于孩子不会表达，所以在很多情况下，家长常常会误解孩子的意思。

秩序的敏感期会从孩子出生后的
第一年持续到 2 岁半左右

一位妈妈讲述了这样一件事情：

一天，我正要出门，6个月大的宝宝却不停地哭闹。我一边为她检查，一边耐心地安慰她："宝宝，你哪里不舒服呀？让妈妈为你检查一下。"宝宝刚刚吃过奶，她不可能是饿了；尿布是干的；躺的姿势也很舒服……她到底是哪里不舒服呢？正当我不知所措时，我发现宝宝边哭，眼睛边瞅着一个地方。

顺着她的眼光，我发现了一把打开的遮阳伞。因为一会儿要出门，为了防止忘记带伞，我把伞预先打开了放在宝宝房间里最明显的位置。难道宝宝不喜欢这把伞？我把它拿出宝宝的房间试试。没想到，当我再次安慰宝宝时，她真的停止了哭泣。

读到这里，也许很多家长会不相信地问："秩序真的有这么神奇吗？"

是的，对于处于秩序敏感期的孩子来说，秩序就是这么神奇。它是孩子内心的一种感觉，与成人对有序以及整洁的追求是完全不同的。孩子会将周围环境中各种各样的物体当成一个彼此相关的整体，就像在母亲的子宫中一样。只有在这种有序的环境中，孩子才能感觉到安全。只有这样，孩子才能逐渐形成对物体的深入感知，进而积累越来越多的经验。但一旦孩子内心的秩序被打乱，他们就会产生强烈的不安全感，在这种状态下，孩子没有办法对周围的环境进行认知，所以他们表现出哭闹的行为是很正常的。

关于孩子秩序的敏感期，瑞士心理学家皮亚杰教授曾对自己的孩子做了这样一个有趣的试验：

当着孩子的面，教授把一个玩具藏在一把椅子的靠垫底下。然后，孩子离开房间之后，他又把玩具藏到对面那把椅子的靠垫底下。教授认为，孩子回到房间后找不到玩具，肯定会四处寻找，因为这两把椅子具有相似性，孩子一定能找到玩具。然而，令教授失望的是,当孩子发现玩具并没有在第一把椅子的靠垫后面时,他用极失望的语气对教授说:"没有了!"并没有去四处寻找。

第二次,教授当着孩子的面把玩具从第一把椅子的靠垫后拿出来,藏到对面那把椅子的靠垫后面,然后再让孩子去找玩具。然而,这一次孩子仍然去第一把椅子的靠垫后面找玩具。

教授有点儿失望地问孩子:"难道你没有看到我把玩具藏到对面那把椅子的靠垫后面了吗?"

孩子有些伤心地回答道:"我看到了!"然后孩子指着第一把椅子说:"可玩具就应该在那里!"

这就是处于秩序敏感期的孩子对周围环境的认识,他不关心玩具藏在哪里,他只关心玩具应该放在哪里。对于案例中的这个孩子来说,他对这个游戏的理解就是,把玩具藏在第一把椅子的靠垫底下,然后再把玩具找出来,这个游戏就非常好玩,因为它使孩子产生了秩序感。

然而,在生活中,有很多家长对孩子的秩序敏感期并不了解,他们常常简单地把孩子对秩序的那些敏感行为归结为"任性"、"无理取闹",有时甚至还会批评、惩罚孩子。

一位妈妈苦恼地讲述了这样一件事情:

最近,我家2岁的儿子好像中了邪似的,凡是不符合他心意的事情都要从头再来。一次,他在外面睡着了,我抱他回家睡觉。但到了楼上他就醒了,并迷迷糊糊地对我说:"妈妈,我还没有坐电梯呢!"

我不停地跟他解释:"你已经坐过电梯了,刚才你睡着了,是妈妈抱你坐电梯的。"

但他就是听不进去,甚至为此还哭了起来,并且边哭边说:"我还没有坐电梯,我要坐电梯。"

见到儿子如此固执,他爸爸的火气被激起来了,冲儿子喊了几句。没想到,儿子哭得更厉害了。到了半夜,儿子好不容易睡着了,但醒后还是哭,还在一直重复着那句话:"我还没坐电梯呢……"

是的,当孩子处于秩序的敏感期时,对秩序就是这样固执。一旦成人采取强硬措施打破孩子的这种秩序,就会给孩子带来一种极大的伤害。也许成人谁也不能体会到那一晚孩子是在怎样的不安全感中度过的。在孩子的眼中,成人是庞然大物,他们没有办法支配这些庞然大物的行为。当他们内心的秩序一次次地被这些庞然大物破坏而得不到恢复时,那些随之而来的不安全感很有可能就会伴随他们的一生。

孩子内心的秩序被破坏,随之而来的不安全感
就可能伴随他们的一生

所以,为了孩子的身心健康成长,每一位家长都有义务去细心地了解孩子的内心,读懂孩子的每一个行为,而不是简单地为孩子的行为戴上"任性"的帽子。

那么,具体来讲,家长应该如何帮助孩子更好地度过秩序的敏感期呢?或者说,家长应该如何利用秩序的敏感期来开发孩子的潜能呢?

⦿ 通过"重复"让孩子体验秩序所带来的快感

> → 秩序，是孩子心中的一种感觉
> → 对于孩子来说，捉迷藏的乐趣在于把自己藏起来，然后被别人发现后获得一种秩序感
> → "重复"是孩子建立秩序感的最重要方式之一

提到孩子的秩序敏感期，很多家长都会皱着眉头说："这是家长最难'熬'的一段时期！"

每当听到家长们这样讲述时，我都会忍不住去提醒他们："如果你用'熬'来形容孩子的成长经历，这只能说明你还没有真正了解孩子，还没有摸到孩子成长的规律。这对于你和孩子来说都将是非常痛苦的历程。"

是的，作为家长，如果摸透了孩子的成长规律，我们不但不会有"熬"的感觉，而且时常还能体验到孩子成长所带来的小乐趣。就拿孩子秩序的敏感期来说，如果家长提前对敏感期的知识有所了解，当孩子进入秩序敏感期后，家长所体验到的一定不是烦恼，而是欣喜。

一般来讲，处于秩序敏感期中的孩子常常会有以下几种表现：

1. 喜欢给物品找"主人"

例如，爸爸经常坐的椅子会被他们称为"爸爸的椅子"；妈妈经常穿的拖鞋会被他们称为"妈妈的拖鞋"；不允许他人动用不是自己的东西，例如，妈妈不能穿爸爸的拖鞋、爸爸不能坐爷爷的椅子等等。

2. 喜欢将所有的东西"归位"

例如，妈妈的衣服平时都是在衣架上挂着，如果有一天妈妈直接把衣服扔到沙发上，他们会哭闹着要求妈妈把衣服挂起来。

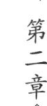

3. 顺序不对就要"重来"

例如,平时都是孩子关厕所的灯,但有一天妈妈直接把厕所的灯关了,孩子会要求妈妈把厕所的灯打开,然后再由他关上。

读懂孩子在秩序敏感期所表现出来的这些行为,家长就不会再把孩子的一些行为归结为"任性"和"无理取闹"了。内心的秩序感不会受到外界的影响,那孩子渐渐就会对周围环境有正确的认识了。

当然,如果家长有意识地协助孩子去体验秩序给他们带来的快感,孩子对秩序的敏感期很有可能就会缩短。

例如,那些刚刚学会走路的孩子都特别喜欢玩捉迷藏的游戏,但他们玩这个游戏的方法却与稍大一些孩子的玩法不同。稍大一点儿的孩子都懂得这样一个道理:在一个地方被抓,下次就不能再藏到这个地方了。但这些年龄较小的孩子却不同,他们喜欢把自己藏在同一个地方,而且喜欢被别人找到。

为什么会这样呢?

对此,蒙台梭利给出的解释是,对于处于秩序敏感期的孩子来说,捉迷藏的乐趣在于把自己藏起来,然后被别人发现后获得一种秩序感。他们乐此不疲地玩着这个"捉迷藏"的游戏,是因为他们想通过重复的方式来体验秩序给他们带来的快感,并通过这种重复的方式来与周围环境建立联系。

一位家长讲述了这样一件事情:

一次,我与2岁半的儿子玩捉迷藏,我知道他又藏到大衣柜旁边的角落里了,但我故意假装看不到,还一直在旁边自言自语道:"他到底藏到哪里去了呢?"如此反反复复好几次。儿子终于忍不住了,他大声地提醒我:"我在这里!快来抓我呀!"但我仍然假装听不到,就是不去抓他。突然,儿子跑到我面前,很生气地对我说:"妈妈,我就在这里,你为什么不来捉我呢?"这时,我发现他的脸上露出非常失望的表情。

在大孩子的眼中，别人找不到自己，这就是自己的成功，应该高兴才对，但为什么这个孩子却如此失望呢？

这是因为在这个游戏中，他的秩序感被打乱了。他把自己藏起来，为的就是让别人找到以产生秩序感。但上述案例中的妈妈却假装看不到孩子，这就会使孩子产生这样的疑问："我就在这里呀，为什么妈妈不来抓我呢？"在这种情况下，孩子的秩序感就被打乱了。

由此我们也不难看出，要想让孩子体会到秩序所带来的快感，家长可以时常与孩子玩这些重复的游戏。

关于帮助孩子建立秩序感，一位家长这样分享经验：

我家孩子现在1岁半了，他最爱玩的游戏就是藏东西。每次我把玩具、酸奶等藏到背后，他都快乐地把它们找出来。玩到高兴时，儿子总是要求我不停地藏，他不停地找。当然，为了帮助孩子建立秩序感，我总会重复地把玩具藏到相同的位置。

渐渐地，儿子的秩序感以及对周围事物的正确认识，就在这种"假装藏起来，又假装突然发现"的游戏中建立起来了。

是的，"重复"是孩子建立秩序感的最重要方式之一，也是孩子感知周围环境的方式之一。在生活中，也许家长常常会看到这样的场景：孩子把刚垒好的玩具推倒，然后重新再垒；孩子一遍遍地爬楼梯，一遍遍地开灯关灯……其实这都是孩子在用重复的方法来感知秩序的存在，来认识周围的环境。

所以，当孩子迷恋上了"假装把东西藏起来，又假装忽然发现"这种游戏时，你不要评价孩子的游戏无聊，而应该多陪着孩子玩这种对于孩子来说非常有趣的游戏。因为这是孩子成长的一种方式。

● 利用秩序的敏感期引导孩子养成好习惯

> → 自理能力差，根源在于孩子内心的秩序一次次地被打破
> → 这一阶段，家长重复灌输的观念，很容易就会转变成孩子自身的一种内在秩序

孩子对秩序的固执，在很多情况下都会令家长们很头痛。例如，当家人进门的顺序不对时，全家人都要兴师动众地听这个小鬼的指挥，重新进门；当妈妈为家人盛饭的顺序不对时，还要全部倒掉，重新再盛……

然而，任何事情都有两面性，孩子的秩序敏感期也是如此。如果从另一个角度来考虑，孩子对秩序的这种固执，完全可以转变成提升孩子能力的一种优势。

一位家长这样分享自己的经验：

当孩子进入秩序敏感期之后，很多家长都说孩子会变得非常固执，但我却不这样认为。当儿子进入这个敏感期之后，他喜欢自己做一些小事。例如，回家之后，他会把全家人的鞋子按大小顺序排好；晚上睡觉之前，他会自己冲奶粉、自己拿便盆；早上，他喜欢自己穿衣服……虽然在很多时候，让儿子自己做这些事情，既浪费时间又浪费精力（因为他常常做不好，我要经常为他收拾烂摊子），但我仍然会耐心地等待，让他自己来做这些事情。因为我知道，这不仅可以帮助孩子建立秩序感，而且从某种程度上来讲，这也是在锻炼孩子的自理能力。

果真，一段时间之后，孩子对秩序不再如此敏感了，但在这一过程中，孩子所养成的"自己做一些力所能及的事情"的习惯却一直没有改变。

如果我们从这个角度来考虑，孩子对秩序的固执就变成了一个机遇，一个培养孩子自理能力的好机遇。

的确，如果家长们静下心来思考，就会发现这样一个问题：很多大孩子之所以自理能力差，与他小时候所受的教育有很大的关系。例如，当孩子正准备自己冲奶粉时，家长却常常会以不安全为理由而拒绝孩子；当孩子要求自己穿衣服时，家长却以浪费时间为理由而拒绝孩子……这样，孩子内心的秩序一次次地被打破，这对于孩子来说是非常痛苦的事情。久而久之，为了逃避这种不安全感的困扰，孩子会完全放弃这些行为。奶粉由妈妈来冲、衣服由妈妈来穿……所有的生活都由妈妈来照顾，在这种状态下，孩子的自理欲望以及自理行为永远也培养不起来。

但如果家长能够抓住孩子秩序的敏感期，有意识地对孩子进行自理能力的培养，就像上述案例中家长所做的那样，凡事自理很容易就会成为孩子的一种习惯。

家长可以抓住孩子的秩序敏感期，有意识地对孩子进行自理能力的培养

此外，除了培养孩子的自理能力之外，家长还可以利于秩序的敏感期，培养孩子的规则意识。

一位家长曾这样分享：

女儿进入秩序的敏感期之后，我就向孩子传达这样的观念：吃饭时，碗中不能剩饭；不能边看电视边吃饭；东西用完之后要归位……渐渐地，当女儿掌握了这些规则之后，她就变成了我们的"小监工"。每当发现爸爸的碗中还有饭粒时，她就会一本正经地对爸爸说："爸爸，你应该把饭吃完！"每当发现妈妈将用完的物品随手一放时，她也会有板有眼地对妈妈说："妈妈，东西用完之后要归位！"

当然，在监督我们的同时，女儿自己也养成了这些好习惯。

如果家长一直向孩子灌输某种观念，这种观念很容易就会转化为孩子的内在秩序

是的，如果家长一直向孩子灌输某种观念，这种观念很容易就会转化为孩子的内在秩序。在这种情况下，孩子是轻易不会打破这些规则的。

曾有教育学家提出过这样的观念，对于孩子来讲，7天就可以养成好习惯。也就是说，如果孩子能够在7天内一直坚持一个好行为。如，东西用完之后归位，7天之后，这种行为就会转化为孩子的一种习惯。

对于孩子来说，秩序的敏感期要在他们的生命中持续很长一段时间，这段时间足可以使孩子养成多种习惯。所以，如果家长有意识地利用这一敏感期去培养孩子的好习惯，将成为孩子生命早期一份最珍贵的礼物。

4 模仿的敏感期

一位幼儿园的老师曾讲述了这样一件事：

最近，2岁半的晶晶小朋友特别喜欢同班的杨莹小朋友，几乎是杨莹做什么她就做什么。

一天早上，杨莹刚到班上便跟我打招呼："老师早！"还没等我回应，已经到了好一会儿的晶晶也向我打招呼："老师早！"中午，杨莹把餐盘里的饭菜都吃完了，便端着餐盘跑到我面前对我说："老师，我还要！"看到这种状况，晶晶也端着她的餐盘对我说："老师，我也要！"但她餐盘里的饭菜还有一半没有吃完呢，真是可爱极了。

晶晶不仅喜欢模仿杨莹，还喜欢模仿别的小朋友，例如，看到别的小朋友玩积木，她也会跑来找我要积木；看到别的小朋友用沙土盖房子，她也会忙着在旁边盖一所……

很显然，案例中的晶晶是进入了模仿的敏感期。细心的家长都会发现，在孩子2岁左右，他们会模仿爸爸妈妈的语言和行为、模仿他们所喜欢的小朋友的一举一动……很多家长常常会对孩子的这种行为感到奇怪："孩子为什么会喜欢模仿呢？模仿锻炼了他们哪些方面的能力？孩子模仿的用意又是什么呢？"

事实上，孩子是在用模仿这种方式进行学习。在孩子生命的初始阶段，他们是用很多不同的方式进行学习的，模仿就是其中最主要的一种。通过模仿父母、成人、同伴，孩子不断学习知识，在这一过程中，他们的能力也在不断提升。

一般来讲，孩子模仿的敏感期会出现在1岁半~2岁左右，而且他们的模仿是有选择性的。一般来讲，因为父母是孩子接触机会最多、最亲近的成人，孩子最喜欢模仿的就是家长的语言和行为。例如，他们会模仿家长炒菜、模仿家长收拾家务等。

另外，除了模仿父母，孩子还会模仿他们所喜欢的同伴的言行。例如，在幼儿园中，孩子认为哪个小朋友是最优秀的，就会去模仿那个小朋友的言行；他们认为哪个小朋友的言行最有趣，也会跟着模仿。

读到这里，也许有家长会这样说："我家孩子都已经3岁了，怎么还没见他出现模仿他人的迹象呢？"

对于每个孩子来说，模仿敏感期的出现时间是不同的

对于每个孩子来讲，敏感期所出现的时间是不同的。对于大多数孩子来说，模仿的敏感期会出现在2岁左右，但有些孩子到了3岁左右才出现，还有些孩子上了小学之后才表现出模仿的行为……这些都属于正常情况。

关于模仿的敏感期，一位家长讲述了这样一件有趣的事情：

幼儿园放学的时候，两个孩子一前一后地走着。突然，前面

的孩子摔倒了，后面的孩子马上也跟着摔倒，并且摔倒之后还高兴地哈哈大笑，这个摔倒的动作被后面这个孩子愉快地模仿了好几次。真不懂这些孩子，摔倒有什么好模仿的！

是的，在成人眼中，孩子的很多模仿是无聊的、没有意义的，有时他们甚至还会制止或勒令孩子停止这种无聊的重复。但成人的这种做法是不正确的，这种行为是对孩子敏感期的破坏。

在此，家长们还应特别注意这样一点，对于处于模仿敏感期的孩子来讲，他们的这种行为仅仅是单纯的模仿，并没有对与错之分。然而，在现实生活中，大多数家长并不了解孩子的模仿行为，他们常常用最简单的对错标准来衡量孩子的行为。

我就曾亲眼见到过这样的教育场景：

刚刚学会说话不久的孩子兴奋地对妈妈说："你是猪！你是猪！"妈妈一听，马上不高兴地说："跟谁学的呀？"孩子用手指了指幼儿园的方向，妈妈仍然不高兴地埋怨孩子说："你怎么就不学点儿好呢！这是骂人的话，以后不许说了！"

尽管妈妈给孩子下了"不许说"的命令，但孩子仍然乐此不疲地重复着那句话。

对于处于模仿敏感期的孩子来说，他们仅仅是因为有趣，或者仅仅是因为单纯的模仿而模仿。在他们的思想中，根本不会把自己的行为与对错挂上钩。但如果家长用对错的标准去衡量孩子的行为，孩子不但不会去纠正自己的行为，他们的好奇心还会被最大程度地激发出来。

就拿上述案例中的情况来说，孩子对妈妈说"你是猪"，也许他正在模仿幼儿园里某个小朋友的语言，并不知道这句话是句骂人的话。但妈妈对这句话的反应如此激烈，就把孩子的好奇心大大调动起来了，他的小脑袋瓜肯定在这样思考："这是一句什么样的话呀，它竟然能使妈妈生气，它的力量好大呀！"在这种思考的影响下,孩子会继续用这句话与妈妈玩这种"我要激怒你"的游戏。

所以,家长用对错的标准来衡量孩子的模仿行为是极不科学的。

那么,家长们应该如何看待并指导孩子的这种模仿行为呢?

● 漠视孩子的不良模仿,并做出好的表率

> → 面对不良模仿——不闻不问
> → 家长做出好的表率,是对孩子的一种无意识培训

模仿,是孩子认识周围环境并进行学习的一种方式。所以,对于孩子本身来讲,他们并不知道自己所模仿的言行是对还是错。

其实,面对孩子那些不良的模仿行为,家长最明智的做法就是——对他们的行为不闻不问。当孩子发现自己的不良模仿不被关注后,自然会放弃这个无聊的游戏。(具体可参照"语言敏感期"一节)

在模仿敏感期,孩子除了模仿他人的一些不良行为之外,还会模仿他人的一些优秀行为。例如,看到家长常常把他们那些乱七八糟的玩具"归位",他们也会学着家长的样子去做;看到家长每天起床后要刷牙,他们也要模仿……

所以,正是在这种意义上我们说,在模仿的敏感期,家长的言传身教可以促使孩子在无意之间养成好习惯。

读到这里,很多细心的家长可能会这样问:"处于模仿敏感期的孩子都很小,对这么小的孩子谈习惯是不是有些早呀?"

是的,一般来讲,模仿的敏感期会在孩子2岁左右时出现,或者是在2~6岁的某一个阶段出现,这些年龄段的孩子的确是有些小。但家长们要时刻把握这一观念,即使孩子度过了模仿的敏感期,他们也一直在模仿着家长的言行成长。换句话说就是,家长

的言行时时刻刻都在影响着孩子习惯的养成。如果家长喜欢把物品到处乱扔，孩子一般也就不会养成干净、整洁的好习惯；如果家长总是说脏话，孩子一般都有说脏话的坏习惯……

当然，具体到孩子的模仿敏感期来说，孩子模仿家长做家务、照顾老人、整理自己的物品……这其实都是家长对孩子的一种无意识的培训。在家长这种无意识的"培训"下，孩子会主动把自己的玩具归位、会安慰照顾自己的布娃娃……这些都是孩子良好品质的一种体现。

家长的言行时时刻刻都在影响着孩子习惯的养成

作为家长，也许你会说："等孩子度过模仿的这一敏感期，他们很快就不会喜欢收拾玩具了，也不喜欢耐心地照顾布娃娃了！"但这又有什么关系呢？至少孩子在模仿的敏感期学到的是优秀的品质和能力，如果家长在生活中继续为孩子做出表率，这些优秀的品质和能力很快就会成为孩子的一种习惯。

● **读懂孩子的语言，并给孩子以鼓励**

> → 每个孩子，都是小小观察家
> → 鼓励孩子的模仿行为，就是一次最好的智力开发

每个人都需要与他人交流，即使是还没有掌握语言的孩子也是如此。

当孩子处于模仿的敏感期时，作为家长，你是否能读懂孩子的语言？读懂孩子的语言之后，你又会做何反应呢？

一位父亲讲述了这样一件事情：

晚饭后，我正在电脑前打游戏，这时，2岁的宝宝跑过来，直往我怀里钻。我知道，她是想"占领"我的地盘，没办法，我只好给这小丫头"让位"。

"占领"我的地盘之后，女儿就一直拿着鼠标狂点，因为屏幕上并没有发生什么大的变化，所以女儿很快就对此失去了兴趣。忽然，她像发现了什么一样，拿起我的打火机在鼠标上挨了一下，然后把打火机递给了我。接着，她把电脑桌上的物品：杯子、光盘、笔、烟盒等，都在鼠标上挨了一下，然后递给了我。正当我被女儿搞得一头雾水时，一直在观察我们的妻子高兴地对我说："女儿这是在模仿超市的收银员。"

是的，案例中的孩子的确是在模仿超市的收银员。我们都知道，把鼠标拿起来之后，鼠标的下面会透出红色的光，孩子看到鼠标所透出的红光，便联想到超市收银员手中的条码扫描仪，于是自然地扮演起收银员来。

家长们可不要认为孩子小，不懂事，他们可是个细心的观察家和模仿家。正是通过这种细心观察和努力模仿，孩子对周围事物的认识才更加深入，孩子的各种能力才会得到提升。

孩子是细心的小观察家

读懂了孩子的行为之后,家长应该如何对孩子的这些行为做出反应呢?

还是拿上述案例中的情况来说,案例中的妈妈是这样做的:

看到孩子正拿鼠标扫桌子上的物品,我笑着问女儿:"乖女儿,你是不是在卖东西呀?"

小丫头兴奋地点了点头。

我指着电脑桌上的一支笔对她说:"我要买那支笔,请把那支笔给我。"女儿小心翼翼用鼠标在那支笔上扫了扫,递给了我。

这时,旁边的爸爸插话了,他对女儿说:"你把笔卖给了妈妈,你应该管妈妈要钱呀?"

女儿抬起头迷茫地看着爸爸,我知道,她的小脑袋瓜里还没有钱的概念,在这个时候向她灌输钱的概念会引起她的混乱。于是我指着桌子上的一个烟盒对女儿说:"我还要那个烟盒,请给我。"女儿又开始小心翼翼地拿起鼠标扫烟盒。

读完这位母亲的讲述，我们不得不说，这是一位非常明智的母亲。她不但能够读懂孩子的语言，而且懂得与孩子沟通。是的，即使只有一两岁的孩子也是需要与家长沟通的，他们强烈地渴望家长了解他们，并希望家长把了解的信息传达给他们。

上述案例中的母亲就通过游戏的方式把自己对孩子的了解传达给了孩子。孩子模仿收银员，她就模仿买东西的人。妈妈通过这个游戏与孩子进行沟通，就加强了孩子对模仿所带来的快感的体验。当然，在这一过程中，由于妈妈能够读懂孩子的语言，孩子与妈妈之间的关系也会更加亲近一步。

其实，从另一方面来分析，妈妈通过做游戏的方式与孩子进行沟通，这实际上是对孩子模仿行为的一种鼓励。在妈妈的鼓励下，孩子对收银员的模仿会更加起劲儿，当然，在这个过程中，孩子对收银员以及她所"卖"的那些物品也会有更加深刻的认识。

由此，我们可以得出这样一个结论：当孩子在模仿某个角色或者事物时，家长的鼓励不仅可以促使他们体验到模仿的快感，而且还可以使他们对这些角色和事物有更加深刻的认识。例如：

当孩子在模仿小狗"汪汪"叫时，家长不妨也扮演成小狗，并不停地摇着尾巴；

当孩子在模仿"超人"时，家长不妨扮演成"怪兽"或"妖怪"，让孩子体验到"斩妖除怪"的乐趣；

当孩子模仿"喜羊羊"时，家长不妨扮演成"灰太狼"，让孩子体验到比父母更聪明的快感。

5 自尊的敏感期

我们都知道,蒙台梭利是20世纪西方最卓越的儿童启蒙大师之一。一天,她给幼儿园一个班的孩子们上了一节有关怎么擤鼻涕的课。

蒙台梭利给孩子们示范了使用手帕的不同方法,还指导他们如何能尽量做得不引人注意。她以一种几乎令孩子们觉察不出的方式拿手帕,并尽可能轻地擤着鼻涕。孩子们聚精会神地注视着,没有一个人发出笑声。

示范刚结束,孩子们热烈地鼓起掌来。

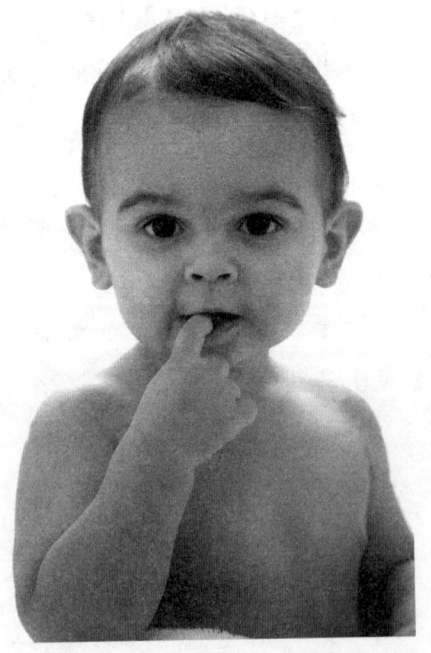

随着孩子自我意识的萌芽,他们的自尊心也会被唤醒

孩子们为什么会对老师讲的这些内容反应如此强烈呢？蒙台梭利表示，是因为她的这堂课触及到了孩子们的敏感点。

对于年龄比较小的孩子来说，他们在擤鼻子方面存在很大的困难。当他们的鼻涕流到嘴里时，或者用袖子来擦鼻涕时，常常会遭到家长的责备，但家长却没有真正地教他们擤鼻涕的方法。而蒙台梭利教给孩子们的这一"技能"，正好满足了孩子们的需求，所以会受到孩子们的热烈欢迎。

由此我们也不难看出，虽然孩子小，但他们也是有自尊的。确切来讲，随着孩子自我意识的萌芽，他们的自尊心也会被唤醒，随后，他们就会进入自尊的敏感期。

一位家长曾讲述了这样一件事情：

母亲在外地，一次，她特意来看我2岁的女儿。看到女儿后，母亲先是夸奖她长大了，之后，她偷偷地跟我开玩笑说："宝宝的眼睛随你，小小的，不好看。"也许母亲的话被女儿听到了，从那之后，女儿就不再跟姥姥亲近了，而且只要有姥姥在，女儿就会闭上眼睛，任我怎么劝她，她都不睁开。

是的，在很多时候，孩子的自尊心比成人还要敏感。也许成人口中的一句玩笑话，孩子就会当真，就会使孩子的自尊心受到伤害。就拿上述案例中的情况来说，小女孩之所以不愿意在姥姥面前睁开眼睛，是因为姥姥的那句玩笑话伤害了她的自尊心。当然，小女孩这样做还有两个目的：一是逃避现实，她没有办法使自己的眼睛变大，但她认为闭上眼睛别人就会看不出她眼睛的大小了；二是惩罚姥姥，因为姥姥说她眼睛小，不好看，所以她用闭眼睛这种方式来表示对姥姥的敌意，来惩罚姥姥。

作为成人我们知道，如果这种情况经常发生在孩子身上，孩子很有可能会变得自卑起来，他们的心理健康肯定会受到影响。所以，不管孩子多小，家长都应该重视孩子的自尊。

其实,在很多情况下,家长常常在无意之间伤害到孩子的自尊心。相信大多数家长对下面这些场景并不陌生:

当别人夸奖孩子乖巧听话时,家长这样回答说:"乖什么,这孩子最不听话了!"

当别人夸奖孩子漂亮时,家长这样回答道:"漂亮什么呀,这孩子太胖了,该减肥了!"

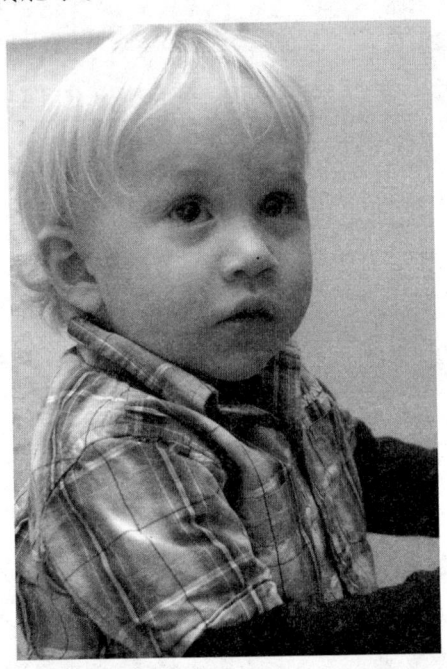

家长要小心,不要让自谦的客套话伤害到孩子

读到这里,肯定有家长会这样说:"我们是这样说过,但这些都是谦虚的客套话呀!"

是的,伤害孩子自尊心的,常常就是家长这种自谦的话语。我们成人知道,这些是家长自谦的客套话,但孩子却不知道,他们以为这是家长对他们的真正评价。所以,在这种情况下,家长的这种自谦不仅会使孩子的自尊心受到伤害,而且还有可能会促使孩子养成自暴自弃的性格。

那么,为了维护孩子的自尊心,家长应该如何应对他人对孩子的称赞呢?

一位家长这样分享经验:

我家儿子从小就爱干净,因此,每当有人称赞我家儿子长得帅时,我都会这样回答:"每个人的相貌都是父母给予的,但干净、整洁、讲卫生等好习惯,却是他经过后天的努力获得的。"

4岁那年,在一次幼儿园组织的活动中,儿子获得了"最佳表演奖",当周围孩子的妈妈都啧啧地称赞他时,我却这样对她们说:"这个奖是他通过努力获得的,为了这次演出,他在家里排练了将近20次呢!"

这位家长的做法非常科学。她的这种做法不但不会使孩子产生骄傲情绪,而且还会使孩子产生这样的感觉:妈妈在以我为荣,我在妈妈心目中是最棒的。当然,更重要的是,通过这些语言,这位家长使孩子更加深刻地意识到了努力的重要性。

读到这里,也许有家长会问:"三四岁的孩子会仔细听家长这些充满道理的话吗?"

不管孩子有多小,家长都要学会尊重孩子

答案是肯定的。当自我意识产生之后，孩子的自尊心也在发展，也就是说，基本上从2岁之后，孩子会进入一个自尊的敏感期。在这个敏感期，孩子很在意他人对自己的评价，尤其是父母对自己的评价。因此，当家长与他人评论自己时，虽然有时他们在做别的事情，但他们的心思却在家长这边，他们会认真地竖起小耳朵倾听家长对自己的评价。

在这时，如果家长对他们的评价是肯定的，孩子会满心欢喜并深受鼓舞。但如果家长对孩子的评价是消极的，孩子的自尊心不仅会受到伤害，而且还有可能因为家长的这种消极评价而变得自暴自弃。所以，不管孩子多小，家长都要意识到孩子自尊心的存在，并学会尊重孩子。

● 和孩子平等对话

> → 孩子再小，也是一个独立的个体
> → 孩子每一次哭闹行为的背后，都隐藏着特定的心理原因

生活中，每当有家长向我抱怨孩子不听话时，我都这样问他们："你真正地把孩子当作独立的个体了吗？"这时，大多数的家长都会这样反驳我："孩子还小，我们没必要把他们当成独立的个体。"

是的，在教育孩子的过程中，大多数家长都没有把孩子当作独立的个体。一位家长曾这样讲述：

一天早晨，我3岁的儿子非常不愿意去洗脸，眼看上幼儿园的时间就到了，我强制给他擦了一把脸。由于儿子的行为使我很生气，为他洗好脸、穿好衣服后，我非常不高兴地把他按在沙发上，让他坐好。

但没想到儿子却因此而哭起来，刚开始我以为他又想要赖不去幼儿园，但儿子越哭越伤心，我不得不去安慰他。我用非常和

蔼的语气问他："儿子,告诉妈妈,你为什么哭呀?"

听我这样说,儿子的哭声越来越大了,他哭着把我拉到沙发旁,然后使很大的劲把我按坐在沙发上,边哭边对我说:"妈妈,这样不好,这样不好……"

这时,我才恍然大悟,原来是我刚才的态度伤害到了他。于是,我连忙对他说:"儿子,对不起,刚才妈妈是太忙了才对你那样粗鲁,妈妈向你保证,以后绝不会再犯同样的错误。"

听我这样说,儿子更加委屈地扑到我的怀里。

孩子虽小,但家长们绝不可忽略他们的感受。当孩子觉得家长对自己不尊重时,他们就会用哭闹行为来提醒家长。因此,我们可以这样说,孩子每一次哭闹行为的背后,都隐藏着特定的心理原因。就拿上述案例中的情况来说,妈妈的那个粗鲁的动作使孩子的自尊受到了伤害,如果妈妈对孩子的哭闹行为不理不睬,那孩子很有可能就会产生这样的思想:"妈妈不爱我了!"一个孩子渴望爱而又得不到爱,这是他们产生心理问题的最主要原因。

上述案例中,家长的做法是有可取之处的,当意识到自己的行为伤害到了孩子,她懂得真诚地向孩子道歉,懂得耐心地帮助孩子恢复自尊。

事实上,很多家长之所以不能做到尊重孩子,是因为在他们的潜意识中,并没有把孩子当成一个独立的个体来看待,甚至认为"我是大人,小孩就应该听大人的话"。想想看,如果我们每个做大人的,都能真正把孩子放置于与自己平等的位置,还会有大发雷霆、拳脚相加等不正确的教育方式出现吗?

所以,即便有时候孩子会淘气、会胡闹,家长也应首先学会尊重孩子,与孩子平等沟通。例如:

当孩子犯了错误之后,家长先不要急着去批评孩子,而是先引导孩子意识到自己的错误。

当孩子表现出淘气行为时，家长可以试着转移孩子的注意力，但一定不要用责骂的方式来促使孩子合作。

……

即使孩子有时候会淘气，会胡闹，家长也应首先学会尊重孩子

孩子只有受到尊重，并深刻地了解尊重的涵义，才会懂得用尊重的方式来对待别人。

● 给孩子制造成功的机会

> → 当孩子的自尊心受到伤害，就会对自己的能力产生怀疑
> → 品尝成功，才能让孩子的自尊心得到恢复

一位家长曾讲述过这样一件事情：

一天，我2岁半的女儿和4岁的小表姐在家里玩，因为我要外出买东西，就对她们说："我要到外面去买东西，谁想跟我去，赶快穿鞋了。"

小表姐很快就把鞋穿好了，但因为女儿穿的是布鞋，每当女儿试图把鞋子套在脚丫上时，布鞋就会变瘪，因此女儿总也穿不上鞋。

看着女儿着急的样子，我对她说："宝贝，要不要让妈妈来帮你穿呀？"女儿一边说"不"，一边焦急地把我推开。最后女儿还

是没有把鞋穿上,她急得"哇哇"大哭起来。

看到这种情况,我急忙去安慰她,但我越安慰,女儿的哭声越大。

读完这位家长的讲述,大多数的家长肯定会这样说:"这个孩子太不听话、太任性了!"

其实,并不是孩子任性,而是家长不了解孩子的心理。案例中的小女孩之所以会不停地哭泣,主要原因并不在鞋子上,而是因为在穿鞋的过程中,孩子的自尊心受到了伤害。尤其是在玩伴小表姐在场的情况下,孩子无法接受自己的"失败",所以家长无论怎么安慰都不能使孩子停止哭泣。

在这种情况下,家长最明智的做法就是转移孩子的注意力。例如,看到孩子产生焦急的情绪,不等孩子哭泣,家长就该这样对孩子说:"妈妈的肚子突然有些痛,宝宝快来帮妈妈揉揉肚子!"当注意力被成功地转移之后,孩子一般就会允许家长帮助她穿鞋子了。

为了使孩子找回丢失的自尊,家长还可以故意给孩子制造机会,让孩子来体验成功。例如,事后,家长可以找一双容易穿的鞋子给孩子,并教她一些穿鞋的技巧,使孩子顺利地把鞋子穿上。

在生活中,有些家长的某些做法也常常会使孩子失去自尊。例如,看到妈妈正在扫地,孩子跑过来一边抢妈妈手中的扫把,一边说:"我也要扫地!"在这种情况下,家长们的反应常常会有两种:一是不耐烦地对孩子说:"你别再给我添乱了!"二是认真地对孩子说:"你还小,还不会扫地,等你长大后再帮妈妈扫吧!"

其实,家长的这两种做法都会使孩子的自尊受到伤害。在自尊的敏感期,孩子希望自己是强大的,希望自己也能像成人那样做一切事情,但在"万能"的成人面前,他们总是显得那么弱小和无力,这种巨大的差距本来就已经使他们的自尊受到了伤害。如果家长再以"添乱"和"年龄小"为理由,而拒绝孩子做一些

事情，这对孩子的自尊心又是一个很大的刺激。所以，在遭到拒绝后，即使孩子不表现出哭闹行为，他们也会故意给家长捣乱。

所以，为了培养孩子的自尊心，家长要给孩子创造更多的机会，让孩子去体验成功。例如，当孩子要求自己扫地时，家长就允许他们去扫地；当孩子要求擦桌子时，家长就允许他们去体验擦桌子的乐趣……

读到这里，也许有家长会说："孩子这样小，他们扫不好地，也擦不干净桌子，只会给我们添乱，又怎么能体会到成功呢？"

确切来说，在很多时候，孩子的成功感都是家长给予的。我们可以通过以下两个案例的对比来说明这个问题：

案例1：小女孩想喝果汁，但她希望自己来倒。爸爸说服不了她，便由她去了。但杯子刚刚倒满，小女孩却不小心把它打翻了。这时，爸爸非常生气地指责女儿说："让你不要自己倒，你偏偏要自己倒，这下打翻了，你满意了！"由于惊吓和委屈，此时小女孩已经满脸泪水了。

案例2：同样是孩子想要喝自己倒的果汁，也同样是孩子不小心把一杯满的果汁打翻了，但正当孩子不知所措的时候，家长却用十分轻松的口气对孩子说："你可以找块毛巾来把这些果汁擦干净。"但随后，孩子却拿来了一块擦脸的毛巾，孩子爸爸仍然没有指责孩子，而是毫不犹豫地帮助孩子一起擦洒在地上的果汁。

处理完这一切之后，爸爸又对女儿说："你可以试试把杯子放在茶几的中间，这样杯子就不那么容易打翻了。"女儿按着爸爸所说的方法又倒了一杯果汁，但由于她的小手还不那么灵活，仍然有几滴果汁洒在了茶几上。这时，孩子又露出了沮丧的表情，但爸爸却非常高兴地对她说："这几滴果汁有什么关系呢，用毛巾擦干净就可以了。更重要的是，你现在可以品尝自己倒的果汁了！"听了爸爸的话，小女孩也兴奋起来了，她一边跳一边拍着手说：

"太好了,我可以品尝自己倒的果汁了。"

通过这两个案例的对比,在某种意义上我们可以这样说,孩子的成功感和幸福感在很多时候都是家长给予的。在案例1中,因为打翻果汁而受到爸爸的批评,也许以后这个小女孩再也不敢尝试自己做一些事情,如自己盛饭、自己倒水等,因为在这个打翻果汁事件中,她的自尊心受到了严重的伤害,她已经对自己的能力产生了深深的怀疑。

与案例1中的女孩相比,案例2中的女孩就显得非常幸运了,因为她有一位懂得孩子心理的好父亲。更重要的是,父亲告诉了女儿如何倒果汁才能不把杯子打翻,并鼓励女儿再重新倒一杯果汁。

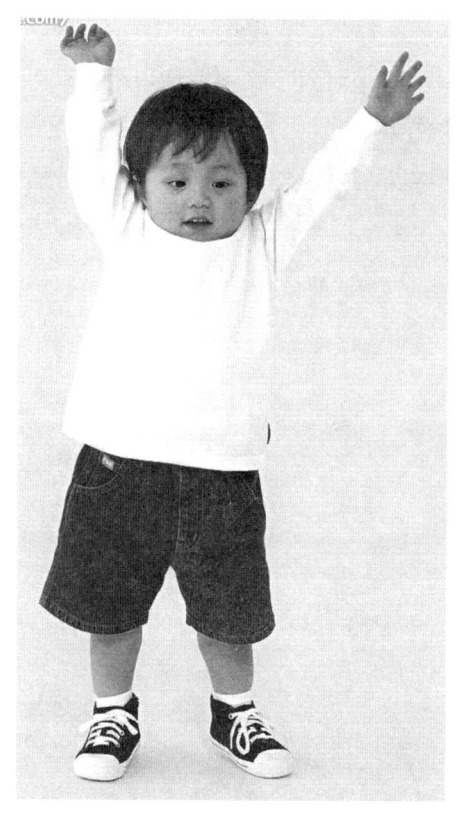

家长要为这一阶段的孩子创造机会,让孩子品尝到成功

读到这里，也许有家长会这样说："女儿把果汁打翻了，家长再给她倒一杯不就行了，何必再让孩子自己倒呢？

其实，家长的这种做法用心良苦，他是在给孩子创造机会，让孩子体验成功。在经历过失败之后，孩子只有品尝到成功，受伤的自尊心才能得到恢复。当然，即使孩子没有经历过失败，成功的经验也能促使他们自尊心的发展。

当然，对于上述的案例，家长们可能还会存在这样的疑问：当案例2中的父亲看到孩子拿一条擦脸的毛巾来擦地上的果汁时，他为什么不阻止孩子呢？

事实上，这仍然是维护孩子自尊的一种方式。孩子把果汁打翻之后，她的内心是极度恐惧和敏感的，在这个时候，家长一个不高兴的眼神，或者一句很平常的埋怨，都会使孩子的自尊心受到伤害。所以，如果家长这时候再要求孩子去换毛巾，这对孩子的自尊心是更大的伤害。

所以，不管孩子犯了什么错误，家长在教育他们时，首先应考虑到他们的自尊。

第三章

3岁左右

2岁之后，大多数的孩子基本上都会说话和走路了。孩子既掌握了语言，又具备了独立行走的能力，家长们都在为孩子的成长而感到欣喜。但与此同时，家长们又表现得非常迷茫，因为在很多时候，孩子的行为常常令他们感到费解。例如：

不管家长对孩子提什么要求，孩子都会毫不思考地说"不"。

不管是谁动他们的物品，他们都会毫不留情地说："这是我的，你不许动！"

虽然掌握了语言，但他们却常常用语言来骂人。

他们竟然偷偷地把幼儿园的玩具带回了家。

……

是的，在孩子成长的每一阶段，摆在家长面前的都是不同的问题。因此，家长们常常会面临这样的情况：前面一个问题还没有完全解决，后面一个问题又接踵而至了。一些家长甚至发出了这样的感慨：孩子越大越难缠了！

其实，家长之所以对孩子的这些行为感到无可奈何，大多数情况下是因为不了解孩子的成长规律、没有读懂孩子的言行。在

3~4岁这一阶段,孩子要经历多个敏感期:

在3岁左右,孩子的自我意识开始萌芽了,他们要进入一个否定一切的敏感期,即对一切事物,不管是合理的还是不合理的,他们都会毫不留情地说"不"。

由于周围事物在孩子心目中都有一种特有的秩序,所以孩子要经历一个执拗的敏感期。

……

除此之外,在这一年龄段,孩子要经历的敏感期还有很多。在本章中,我们将详细介绍这些敏感期。

1 审美和追求完美的敏感期

在生活中,细心的家长都应该能发现,不管是男孩还是女孩,在3岁左右这个年龄段,都会出现一种追求完美的审美倾向:拒绝不漂亮的衣服、拒绝吃带"伤痕"的水果、拒绝吃半块的面包……其实,当孩子常常表现出类似的行为时,说明他们进入了生命中的一个特殊时期——追求完美的敏感期。

确切来讲,追求完美的敏感期是孩子审美敏感期的一种延伸。在3岁左右时,随着自我意识的产生,他们自身也会产生一定的审美观,这就是我们所说的审美敏感期。

孩子的审美敏感期最初是体现在食物上,例如,在选水果时,他们一定会选最大的、最光亮的、没有斑点的那个水果。又如,我们把一个馒头从中间分开,给孩子一半,孩子常常会拒绝。在这种情况下,家长常常说这是孩子任性的一种表现。其实,这并不是孩子任性,而是他处在审美的敏感期,那些不完整或不完美的事物会使孩子产生痛苦的感觉,所以他们无法接受。

孩子追求食物完整的敏感期过后,他们的注意力很快就会转移到对其他物品完美性的追求上来。例如,在画画时,如果孩子觉得自己的第一笔不完美,他们很有可能会把这张纸扔掉,然后再重新画一张。当然,即使是到了最后一笔,孩子仍然觉得不完美,他们也会毫不犹豫地把整幅画都扔掉。在这些情况下,孩子的审美敏感期就逐渐转化为了追求完美的敏感期。

随着年龄的增长以及审美敏感期和追求完美敏感期的继续发

展，孩子开始把全部注意力都放在自己身上。例如，他们常常会自己挑选要穿的衣服、他们总是偷偷地拿妈妈的化妆品来化妆，甚至还会煞有其事地穿上妈妈或爸爸的衣服在镜子面前打量自己。

当孩子进入审美和追求完美的敏感期后，对"美"会非常注重

当然，在大多数家长的眼中，孩子闹着在冬天里穿裙子、把口红涂得乱七八糟……这些行为都是可笑至极的。于是，很多家长开始阻止这些"可笑"的行为，但令家长们想不到的是，孩子对"美"的追求很固执、很执着，如果追求得不到满足，他们会伤心、会痛苦，甚至会不停地哭闹，直到达到目的。

一位父亲曾讲述了这样一件事情：

女儿3岁半那年正好是冬天，外面飘着雪花，女儿却要求穿裙子去幼儿园。我和爱人都努力地劝着女儿："外面天气太冷，会把腿冻伤的""在冬天，所有的小朋友都穿厚厚的棉裤"……但无论我们说什么，女儿始终哭闹着坚持自己的观点：穿裙子去幼儿园。而且，大有不穿裙子不出门的架势。

最后，我实在是控制不住自己的坏脾气了，冲着女儿的屁股使劲打了两下，并且边打边说："这么小就把自己打扮得跟个小妖精似的，长大后还了得！"但是，我的暴力并没有解决问题，那天女儿不但没有去幼儿园，而且从那以后，女儿开始不再喜欢穿裙子。每当我想给她买漂亮的裙子时，她都会一本正经地说："我不

要,我不想成为'小妖精'……"我知道,是我的不正当教育,让女儿产生了不正确的审美观。

看,这就是家长不了解孩子成长规律的结果。其实,案例中的这个小女孩之所以对"美"如此注重,是因为她进入了审美和追求完美的敏感期。在这一时期,孩子会表现出很强的主见性,他们常常自己挑选要穿的衣服、拒绝那些不喜欢的衣服等。这些都是孩子在审美敏感期所表现出来的特点,但如果家长没能满足孩子的这一要求,孩子就会变得非常痛苦。在这种痛苦的状态下,他们一般是不会与家长合作的。并且,家长不正确的教育,也很容易使孩子产生错误的审美观。如,案例中的女孩就认为,穿裙子会让女孩成为"小妖精"。

读到这里,也许有家长会问:"孩子在审美敏感期的这种审美,对孩子将来的发展有什么好处吗?"

有的,此时孩子的这种审美是他们将来形成审美观的基础,它对孩子将来的气质以及个人魅力也具有一定的影响。

一位专家曾这样说过:

一个三四岁的孩子可能会拿着妈妈的口红在嘴上胡乱画,但一个5岁的孩子就懂得把口红画在唇线之内;一个三四岁的孩子为了追求单纯的漂亮,可能把花戴得满头都是,但一个5岁的孩子却懂得要让头花的颜色与衣服的颜色相搭配。

是的,在孩子们的眼中,他们自己化妆、自己挑选衣服等,为的是使自己更加完美。但在教育专家们的眼中,孩子的这些行为不仅仅是在追求自己的完美,更是在发展自己的审美观。

作为成人,在生活中,我们常常会说某个人非常有气质、非常有魅力。其实,这种气质、魅力除了与此人的知识修养有关之外,与此人的妆容、衣着、发型等也有很大的关系。所以,我们也可以这样说,审美和追求完美的敏感期,对孩子将来的气质和魅力也有巨大影响。

那么，家长应该如何应对孩子这种审美和追求完美的敏感期呢？

● 了解孩子在追求完美的敏感期的表现

> → 只要完整的食物，凡事都追求完美，既不是苛刻也不是"事多"
> → 喜欢妈妈的口红，是这一时期小女孩的专利
> → 这一时期，小小的失误也会引发孩子的痛苦

作为家长，我们要想帮助孩子顺利度过某个敏感期，首先应该了解孩子在这些敏感期的表现有哪些。一般来讲，在追求完美的敏感期，孩子会有以下几种表现：

1. 只要完整的食物

当宝宝到了2岁左右时，细心的家长就会发现宝宝突然变得"事多"起来。一位妈妈讲述了这样一件事情：

一次，我给宝宝买了个甜面包，因为担心他吃不了浪费，所以我就先吃了两口。但我这一吃不要紧，宝宝大哭起来，说什么也不肯要我吃过的那块面包。没有办法，我只得又给他买了一块。

遇到这种情况，很多家长常常会产生这样的想法："是不是宝宝跟我不亲呀，为什么他们不愿意与我分享食物呢？"当然，还有些家长会把宝宝的这种行为归结为自私。

其实，宝宝既不是与家长不亲，也不是自私，而是他们进入了追求完美的敏感期。在这一时期，孩子对食物和周围的事物有一种特殊的要求，那就是要求它们完美。例如，苹果上不能有疤痕、衣服一点儿都不能脏等，这些都是孩子追求完美敏感期的特殊表现。

2. 凡事都追求完美

进入追求完美的敏感期，孩子对环境也会非常挑剔。

一位家长这样讲述:

一次吃饭前,我让3岁半的儿子去洗手,但儿子走到卫生间门口又回来对我说:"妈妈,卫生间有水,我不想洗手了。"

我以为儿子是在为不想洗手找理由,于是我对他说:"不洗手就不能吃饭,妈妈抱你去洗好吗?"我以为儿子会拒绝,但他却欣然同意了。

吃饭时,儿子看着他面前的那碗粥,不高兴地说:"我不要这碗粥,这碗粥脏!"原来,我盛粥时不小心把粥洒到碗的外面忘记擦干净了。没想到儿子这么"事多",我只得又给他换了碗。这样,儿子才开心地吃起饭来。

是的,在追求完美的敏感期,孩子对他周围的环境也是非常敏感的。如果他们的小凳子上有一滴水,他们是坚决不会坐下的;如果他们的餐盘里有一块带疤痕的水果,他们往往就会拒绝吃饭……很多家长常常把孩子的这种行为归结为"事多",其实,并不是孩子"事多",追求完美是孩子的天性,家长应该保护孩子这颗"渴望完美"的心。

3. 小小化妆师

在追求完美的敏感期,大多数孩子(尤其是女孩),转身就会变成化妆师。她们会迷恋上妈妈的化妆品,如口红、唇彩、眼影等。

一位家长曾这样讲述:

最近一段时间,我家女儿变得

在追求完美的敏感期,女孩会迷恋上妈妈的化妆品

像个大孩子了。晚上睡觉之前,她总是把明天要穿的衣服都自己找好;有时她也会像我一样,对着化妆镜,认真地往自己的小脸上涂着化妆品;当然,女儿每天必不可少的一个动作就是:出门之前,在穿衣镜面前转几圈,一边转一边欣赏自己衣裙飘舞的样子。

的确,对于正处于追求完美敏感期的女孩来说,她们就像青春期的少女一样关注自己的妆容和外表。在这一时期,妈妈的化妆品在很大程度上能使她们追求完美的心理得到满足。所以,不管那些化妆品涂在孩子脸上是美是丑,家长都应该给孩子自由,让孩子尽情地去追求他们心中的完美,以保证孩子的敏感期顺利发展。

4. "我总是做不好!"

随着孩子审美敏感期的发展,孩子对完美的要求会越来越严厉。

一位妈妈曾这样说过:

突然之间,儿子就像变了个人一样,他对自己的要求越来越高了。一天,儿子正在练习剪纸,一不小心把鱼头剪坏了一个小口,于是他哭着对我说:"我剪坏了,我总是剪不好!"

我变换着招数安慰儿子,但儿子仍然觉得自己犯了一个很大的错误,没有办法,我只得让他把这张纸扔掉再重剪。

在这一时期,孩子不仅在自己的外在形象方面追求完美,在与自己有关的事物上,他们都力求完美。就拿上述案例中的情况来说,也许在平时,仅仅出现了一次失误,对孩子来说已经是一次非常了不起的剪纸经历了。但对于正处在追求完美敏感期的孩子来说,一次小小的失误也会引起他们内心的痛苦。所以,在这种情况下,家长要给予孩子足够并且科学的安慰。

当然,除了以上四点之外,在追求完美的敏感期,孩子还会

表现出这些特点：

当家中又脏又乱时，孩子常常会感到心里不舒服，因此常常会莫名其妙地发脾气；

他们不喜欢与那些邋遢的或他们认为不漂亮的小朋友在一起玩。

● 给孩子自由，让孩子拥有自信

→ 孩子会"臭美"，才会有"审美"
→ 不理解、不支持，会令孩子内心的痛苦无限扩大

一位3岁孩子的父亲曾这样说过：

我家女儿才这么小，就整天在脸上抹呀、画呀的，我真担心她长大后会变坏！因此，每当她"臭美"时，我就会批评她："不许动妈妈的化妆品！""不准向脸上乱涂！"……当批评对她不起作用时，我就会直接把她手中的化妆品夺过来。

确切来说，上述家长的做法是非常不科学的，这不仅会使孩子的心理受到伤害，而且还会影响孩子审美能力的发展。

在3岁左右，孩子之所以喜欢化妆、喜欢把自己打扮得非常漂亮，是因为他们进入了追求完美的敏感期。在这一时期，孩子通过对"美"的探索，使自己的审美观得到发展，同时，这也是孩子自信心增强的一种方式。但如果家长不了解孩子的这些言行，一味批评、制止，孩子很可能就由此而变得消极、悲观起来。

就像上述案例中的情况，如果父亲总是因为化妆批评女儿，或是强行把化妆品从孩子手中夺过来，孩子就会产生这样的思想："爸爸不允许我化妆，我很丑！"这样，在孩子心目中，她自己的形象就越来越不完美。当然，在这种情况下，孩子也会变得越来越烦躁，越来越不肯与家长合作。

一位幼儿园的老师讲述了这样一件事情：

一次，我带孩子们在学校附近的草地上做游戏，当别的孩子都在投入地游戏时，3岁半的桐桐却不肯参加，一直站在一旁摆弄她的裙子。

我走过去轻轻地问她："桐桐，你怎么不和大家一起做游戏呢？"

桐桐非常着急地对我说："老师，你看，我的裙子扁了，丑死了！"原来，春天的天气太干，衣服和人的身上都有静电，风一次，桐桐的裙子都贴在身上了。

看到这种情况，我连忙帮她拽两边的裙摆，但无论如何，裙子还是总往身上贴。桐桐急得哭了起来，并且边哭边说："我的裙子变扁了，丑死了！"

是的，一旦觉得自己的形象不完美，孩子的内心就会觉得非常痛苦。在这种情况下，如果家长或老师不了解孩子的这种言行，孩子内心的痛苦就会被无限地扩大，当然，如果不采取措施来弥补孩子身上的"缺陷"，那这种不完美的感觉很有可能会伴随孩子一生。

例如上述案例中这种情况，如果老师把孩子的这种行为归结为任性，并因此而批评孩子，孩子很有可能就会因为自己那"扁扁的"裙子而变得自卑起来。但如果老师能够耐心地安慰孩子，例如，让孩子观察其他孩子的裙子，当她发现其他孩子的裙子也是"扁扁的"时，虽然内心的痛苦感仍然存在，但至少可以安静下来。

当然，带孩子们回到教室之后，如果老师能够找到孩子的另一条裙子让这个孩子换下来，并这样对她说："看，教室里没风，裙子就不会变'扁'了！"这样，因为重新变得完美起来，孩子内心的那种痛苦感很快就会消失。当然，孩子还会因为重新找到了"完美"而变得非常骄傲。

在追求完美的敏感期，除了家长或老师错误的教育方式之外，在很多情况下，孩子自身能力的不足，往往也会引起孩子的自卑。

一位家长曾讲述过这样一件事情：

周末，我4岁的儿子在家里练习画画，刚画了一笔，他喊了一声"错了"，便把那张纸揉揉扔掉，我没在意，继续忙我的家务；第二张，他刚画了还不到3分钟，又错了，他想都没想，把这张画又扔掉了；第三张、第四张……因为不同的错误，它们被儿子统统扔掉了。最后，儿子把画笔一摔，带着哭腔说："我太笨了，连一张画都画不好！"

我知道儿子的这些行为是追求完美敏感期里的特殊表现，我没有批评他，而是平静地拿起他最后画的那幅画对他说："这只小狗画得非常帅气呀，你觉得哪里不满意呀？"

"那条线画弯了！"

我仔细一看，小狗背上有条线确实画弯了，但这根本不影响整体效果。我灵机一动，这样对儿子说："妈妈小时候也学过画画，你画的画比妈妈小时候画的画好多了。"

儿子很惊讶地看着我说："真的吗，妈妈？"

"真的呀，妈妈像你这么大的时候，连小狗都不会画，你比我强多了！"

听我这样说，儿子高兴极了，并把他画的最后一张画收藏了起来。

追求完美是孩子的天性，但在很多时候，由于自身能力有限，并不是所有的事情孩子都能做到完美。在这种情况下，受内心那种痛苦感的影响，孩子很容易就会产生这样的消极想法："我不行"、"我很笨"……家长们可以这样想象一下，如果孩子在如此小的年龄就常常被那种消极、悲观的心理所左右，会拥有成功的人生吗？

上述案例中的家长非常聪明，她不仅了解孩子在追求完美敏感期的特殊表现，还懂得如何去应对孩子的这些行为。在追求完美的敏感期，每个孩子心目中都有一个"完美"的标准，如果孩子没有对比的"参照物"，那孩子常常就会用"至善至美"来衡量自己，在这种情况下，由于自身能力的不足，孩子的内心常常是痛苦的。但如果家长能够为孩子找到一个合适的"参照物"，那孩子就会相应地调整自己心中那个"完美"的标准。如上述案例中妈妈的做法，让孩子了解到他现在比小时候的妈妈要优秀，孩子衡量完美的标准就会降低，往往就能接受自己的那些小不足了。

所以，在追求完美的敏感期，当孩子沉浸在"过分完美"的泥潭中不能自拔时，家长不妨给孩子"制造"一个"参照物"，这个"参照物"可以是小时候的自己，也可以是孩子的某个朋友。当然，制造这个"参照物"的目的是为了使孩子调整衡量完美的标准，进而使他们能够正确地认识自己的优点和不足，能够摆脱那些悲观的想法，从而自信地成长。

2　自我意识萌发的敏感期

一位家长曾讲述了这样一件事情：

这段时间，不管我们向3岁的儿子提什么要求，他都会毫不考虑地拒绝。我们让他去洗手，他非常生气地说："不洗手！"我们让他来吃饭，他非常不友好地说："不吃！"

这时，孩子他爸悄悄地对我说："我们不再管他，他一会儿就会主动来吃饭了。"果真，当我们不再频繁地去"请"他时，儿子自己洗了手，坐在餐桌旁吃饭来了。

这次我们学聪明了，我们不去要求他或"请"他去吃某种食物，而是他想吃什么食物，我们再拿给他。因为掌握了这个规律，儿子这顿饭吃得非常顺利和愉快。

是的，在3岁左右这个阶段，大多数家长都会发现孩子会进入这样一个奇怪的"反常"时期，不管对他们提什么要求，他们都会无一例外地说"不"：让他们安静，他们偏偏要大声说话；让他们与别的小朋友打招呼，他们会非常不友好地说："我不！"……这时，很多家长都会非常痛苦地发出这样的疑问："为什么孩子的这些行为会如此反常呢？"

其实，这些"反常"的迹象都表明，孩子进入了自我意识的敏感期。

在生命的初期，由于孩子对家长（尤其是母亲）十分依恋，孩子总觉得自己与他人是一体的。但随着生活经验的增长，孩子很快就会意识到，他与家长以及他人之间是分离的。所以，在这一时期,孩子常常会通过拒绝他人来体验自己与他人分离的快乐,来证明"自我"的存在。

确切来讲,孩子自我意识的萌发在0~2岁半期间就已经有所体现了。在这一时期,孩子常常无缘无故地咬人、打人、说"不"等,这些都是孩子自我意识萌发的表现。随着年龄的增长,孩子会产生私有观念,在很多时候,他们常常拒绝与他人分享自己的玩具等,这些都是孩子自我意识发展的表现。一般来讲,孩子自我意识的敏感期会持续到4岁之后。

具体来讲,在自我意识的敏感期,孩子常常会有以下几种表现:

1. 喜欢说:"这是我的!"

旭旭今年2岁半了。一天,他的小表姐来家里做客,妈妈拿出零食来招待小表姐,旭旭急了,他大喊道:"我的,我的,你不能吃!"边喊边去夺小表姐手中的零食。

吃饭时,小表姐刚刚坐下,旭旭又大喊道:"我的椅子,我的,你不许坐!"

同样,睡觉时,小表姐的小枕头和小毯子都被他统统夺走,说是"他的"。

的确,在2岁之前,大多数孩子的自我意识都已经觉醒了。自我意识觉醒后,孩子首先发现的是,每个人所拥有的物品是不同的。爸爸妈妈吃饭时用大碗,而自己吃饭时用的却是小碗,所以,他们把自己所用的那些小碗、小凳子、小毯子都称为"我的"。

自我意识萌发之后,孩子会惊奇地发现,自己与他人之间是分离的。那他们又是如何区分自己与他人的呢?教育专家表示,最初,孩子就是通过每个人所拥有的物质来区分的。所以,上述案例中孩子的行为,是他自我意识发展的表现。

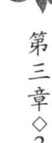

2. 喜欢说："我打死你！"

一位家长曾这样说过：

一次，我带3岁的女儿在楼下的健身器材那边玩，女儿非常喜欢那个小秋千，虽然她还不敢使劲儿荡那个小秋千，但她坐在上面就是不肯下来。这时，有个和她差不多大的小朋友向她走来，看样子他也非常想玩这个小秋千。看到这种情形，女儿非常霸道地说："我打死你！"

我被女儿的这种言行吓了一跳，我们平时从来没有对女儿使用过暴力，但女儿为什么会表现出如此粗野的行为呢？

其实，这位家长是误解了孩子的意思，孩子所说的"我打死你"并没有暴力的意识，她其实是想说"你走开""我不想让你玩秋千"。孩子不希望秋千被别人抢走，所以她排斥那个向她走来的小朋友。在这一年龄段孩子的观念中，他们认为，用语言排斥某人，某人就应该立刻消失。但如果他们排斥的那个人仍然在他们面前，他们就会用手来排斥那个人，这就是我们常说的打人行为。

所以，从本质上讲，孩子那种"粗鲁的语言"以及"打人的暴行"都是他们处于自我意识敏感期的表现。如果孩子的这个敏感期发展顺利，用不了几个月，这个敏感期就会自然消失，到那时，孩子就懂得用别的方式来表达自己内心的不悦了。

3. 喜欢说"不"

在自我意识的敏感期，最令家长心烦的就是孩子的说"不"行为：让他们吃饭，他们说"不"；让他们睡觉，他们说"不"；让他们上厕所，他们仍然说"不"……在这种情况下，家长常常会产生这样的想法："我到底做错了什么，为什么这个小家伙总是与我对着干呢？"

其实，家长什么也没有做错，说"不"是这一阶段孩子心理发展的一种需求。孩子通过这种说"不"行为证明自己自我意识的觉醒。

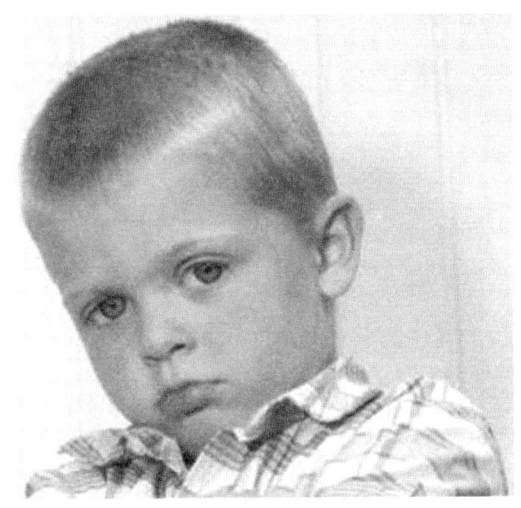

说"不"是这一阶段孩子心理发展的一种需求

4. 拒绝与他人分享

在孩子非常小的时候，很多家长都会习惯性地教孩子与他人分享自己的物品。如把自己的零食分给别的小朋友、与别的小朋友一起玩玩具等。但当孩子处于自我意识的敏感期时，家长的这些行为却常常会遭到孩子的拒绝。

一位家长这样讲述：

傍晚，我带3岁半的女儿在楼下散步，正好遇到一位邻居也带着孩子散步。于是我对女儿说："宝贝，你看小妹妹多可爱呀，把你的酸奶分给她一瓶好吗？"听我这样说，女儿立刻处于警备状态，把酸奶抱在怀中。我继续引导女儿："你看，小妹妹都饿了，你就给她一瓶吧！"听我这样说，女儿脸上的表情非常痛苦，我知道，如果我继续说下去，她马上就会哭出来。

这时，我发现那个孩子手中拿着两支棒棒糖，便这样对女儿说："宝贝，我们拿酸奶换小妹妹的棒棒糖好吗？你给她一瓶酸

奶,她给你一支棒棒糖。"女儿想了一会儿,觉得这样很合理,便高兴地把酸奶拿了出来。

在自我意识的敏感期,孩子是通过物质来区分自己与他人的,如果他人(尤其是不熟悉的人)随意动用"他的"物品,孩子就会产生强烈的不安全感,这往往会在很大程度上阻碍他们自我意识的发展。所以,当家长要求他们与他人分享自己的物品时,常常会遭到他们的拒绝。

但处于自我意识敏感期的孩子是很喜欢与他人交换东西的,因为这一行为并不违背孩子的"私有观念",而且还会促使他们的这种"私有观念"进一步发展。对于这一敏感期的孩子而言,交换就是把我的物品给你,把你的物品给我,在这一过程中,孩子会把"你""我"的界限划分得更加明显。当然,也正是通过这一交换行为,孩子的自我意识会得到进一步的发展。当孩子到了4岁左右时,家长会发现,他们所有的东西都不愿意与他人分享,当然,这其中也包括家长的爱。在这一时期,如果家长对别的小朋友也非常好,会在很大程度上引起孩子的反感,激起孩子的不合作行为。

了解了孩子在自我意识敏感期的这些表现后,家长们应该如何帮助孩子度过这一敏感期呢?可以借鉴以下几种方法:

● 千万不要误解孩子的行为

> → 孩子说"不",是为了证明自己与他人是分离的
> → 家长越和孩子"较劲儿",孩子的"不"就越多

由于大多数孩子的自我意识敏感期常常会出现在秩序敏感期之后,所以,当孩子进入自我意识的敏感期之后,家长的第一反应是,孩子之前建立起来的那些良好的秩序都消失了,而且孩子变得越来越不顺从了。

一位家长就曾这样说过:

最近,不管我说什么,孩子总是跟我对着干,让他安静,他偏偏使老大劲儿摔玩具;让他老实地坐一会儿,他偏偏大嚷大叫着又蹦又跳;让他睡觉,即使我们强迫他躺在床上,他仍然会把眼睛睁得大大的……就是因为他总是跟我们对着干,我们没少跟他生气,他也没少挨打……总之,我们全家人的生活被他搞得都要乱成一锅粥了。

是的,如果不了解孩子在敏感期的这些表现,家长就会越来越迷茫,孩子也会越来越不合作。照这样下去,整个家庭的生活乱成一锅粥是很正常的现象。

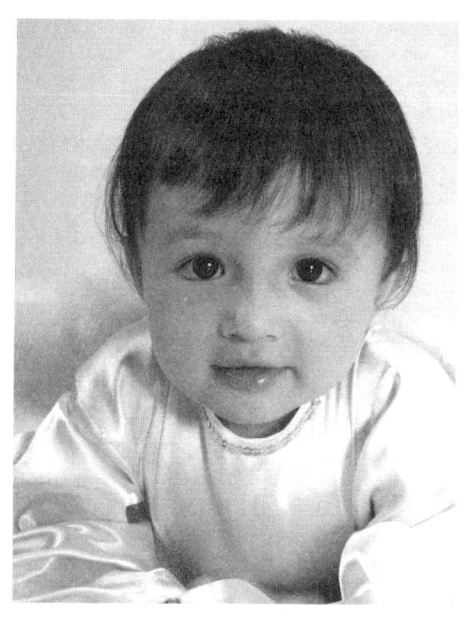

当孩子进入自我意识的敏感期之后,
家长千万不要误解孩子的行为

读到这里,也许有家长会问:"那我们应该如何对待孩子这些说'不'的行为呢?"

一位家长这样分享经验:

被孩子拒绝过多次之后,我变聪明了,在做事情之前,我不

再向孩子"请示",而是直接抱他去做。例如,到了该睡觉的时候,我不再像以前那样对孩子说:"我们去睡觉吗?"而是直接把孩子抱到床上;到了该吃饭的时候,我直接把他抱到餐桌上。这样,我被拒绝的次数就大大减少。

当然,即使是这样,很多时候孩子也会拒绝我。例如,当我把他抱到床上时,他会挣扎着说:"我不睡觉!"这时,我会温和地对他说:"我知道你不想睡觉,你可以在床上玩一会儿!"每次都是这样,孩子在床上玩一会儿就会睡着了。

当孩子的自我意识刚刚形成时,在对待任何事情上,他们都会坚守自己的信念,按自己刚刚形成的意识来做事。在这些时候,家长那些威胁、打骂等手段对孩子根本就不起作用,因为这个阶段的孩子是最不容易妥协的。所以,在这种情况下,如果家长能够遵循孩子的意愿,反而能促使孩子与家长合作。

上述案例中家长的做法非常科学,她没有跟孩子"较劲",同时又允许孩子说"不",这样做既没有使孩子的敏感期受到影响,又促使孩子做了应该做的事情。所以,如果你也正为孩子的这种说"不"行为感到苦恼,不妨学习一下这位家长的做法。

● 正确看待孩子的"自私"行为

> → 家长的强迫"分享",会令孩子内心中的自我越来越弱小
> → 在自我意识的敏感期,孩子有权分享自己的物品,也有权不分享

孩子进入自我意识的敏感期之后,大多数家长除了觉得孩子不像以前那样听话之外,还有一个非常大的感受,那就是觉得孩子变得自私了。

一位家长曾这样说过:

这段时间以来,我家3岁半的儿子浩浩突然变得非常自私,他的物品不仅不愿意与别的小朋友分享,而且连我都不让碰。

这天,我给他买了几块他最爱吃的巧克力,正当我也想尝一块时,他却紧抓住购物袋说:"这是妈妈给浩浩买的,别人不能吃!"

我试着给他讲道理说:"这些是妈妈买的,你总得让妈妈尝一块吧?"最后,我好说歹说,他终于同意让我咬一小口。但当我咬完之后,儿子却大哭起来,他嫌我咬的那口太大了。

中国的大多数家长都持有这样一种观念,他们认为,与他人分享自己的物品是一种美德,所以,在孩子很小的时候,他们就教育孩子要与他人分享。但在孩子自我意识还没有完全形成的时候,就教孩子把自己的物品无条件地贡献出来,这种做法是非常不科学的。

孩子的自我意识刚刚出现时,他们最主要的发现之一就是,发现某些物品是属于自己的

当孩子的自我意识刚刚出现时,他们最主要的发现之一就是,发现某些物品是属于自己的。在这种情况下,如果家长强迫孩子把属于他们自己的物品给别人,孩子就会产生很强烈的不安全感。

在这种不安全感的影响下,孩子的自我意识不仅不会得到健全的发展,他们的性格也很有可能会变得懦弱起来。因为如果一个人的正当权利常常受到他人的侵犯,这个人是没有办法变得强大起来的。

读到这里,也许有家长会问:"那我们应该如何对待孩子自我意识的发展呢?"

其实,在自我意识的敏感期,孩子最需要的就是自由和家长的尊重。

一位家长这样分享经验:

女儿特别喜欢在楼下小公园里荡秋千,只要她一坐到那个秋千上面就轻易不会下来。一次,一个跟她差不多大的孩子在秋千旁等了好一会儿,但女儿却丝毫没有下来的意思,而且她好像对这个"竞争对手"十分反感。

看到这种情况,我没有强迫女儿下来,而是想办法转移她的注意力。我对她说:"你看,这个小弟弟多可爱呀,来,我们跟他打个招呼吧!"女儿伸出手来跟那个孩子击了击掌(这是女儿独特的打招呼方式)。那个孩子似乎很喜欢女儿,他从口袋里拿出了一块糖递给了女儿。因为这个孩子的热情,女儿对他的反感渐渐消失了。于是,我趁热打铁,问女儿:"小弟弟也非常想坐这个秋千,我们让他也玩一会儿好吗?"

女儿非常爽快地回答道:"好吧!"说着便让我把她从秋千上抱了下来。

在自我意识的敏感期,孩子有权分享自己的物品,也有权不分享,他们最需要的就是他人的尊重。上述案例中的这位家长就非常懂得尊重孩子,她没有强迫孩子从秋千上下来,而是先用转移孩子注意力的方法来淡化孩子内心的不安全感。当孩子渐渐地喜欢上那个等待的小朋友时,她便自愿地让出了秋千。当然,孩子的这次分享是在自愿的前提下进行的，这绝对不会影响孩子自我意识的发展。

由此，我们也可以得出这样的结论，当孩子处于自我意识的敏感期时，家长要给孩子足够的权力让孩子自己做决定，这样，孩子内心的那个"自我"才会强大起来，孩子的自我意识以及性格、人格等才能得到健全的发展。

● 用"妙招"促使孩子的自我意识健康发展

> → 强化孩子的私有观念，才能促使孩子的自我意识快速发展
>
> → 通过交换行为，孩子清晰地划清了"你""我"之间的界限
>
> → 5岁左右，孩子自然会懂得分享

要想促使孩子的自我意识健康发展，家长首先应该了解孩子自我意识的发展历程。具体来讲，孩子自我意识的发展要经历以下几个阶段：

1. 私有观念的产生阶段

也就是家长所说的"自私"阶段。在这一阶段，孩子刚刚发现自己与世界是分离的，就这样，他们内心的"自我"逐渐萌芽了。当然，在这一时期，孩子最明显的感受就是，发现很多物品是属于自己的，而且是仅仅属于自己的。因为有了这一重大发现，孩子的私有观念便渐渐发展起来，他们时刻保护着自己的物品不容他人侵犯。在这一时期，孩子最常说的话就是"这是我的，你不能动"。

所以，在日常生活中，为了促使孩子的这种自我意识快速发展，家长可以有意识地向孩子传达这样的观念：这些物品是你的，是不容别人侵犯的。

一位家长这样分享经验:

我家儿子钊钊今年3岁了,因为正处于自我意识的敏感期,所以,每当我要求他做一些事情时,他都会毫不犹豫地拒绝我。但后来我找到了一个"妙招"来促使他合作。例如,每当叫他吃饭时,我会这样对他说:"这是钊钊的小碗,谁来用它吃饭呀?这是钊钊的小椅子,谁来坐着它吃饭呀?"每当我这样说时,儿子就会边向餐桌这边跑边说:"这些都是我的,我用它们吃饭!"

让他睡觉时也是如此,我会故意指着他的小毯子和小被子说:"我要在这里睡觉了!"每当这时,儿子都急着占领他的"地盘",并且对我说:"这些都是我的,我要在这里睡觉!"

这位家长非常聪明,他既给了孩子说"不"的机会,又让孩子做了应该做的事情。当然,更重要的是,在这一过程中,他强化了孩子的私有观念,促使了孩子自我意识的快速发展。

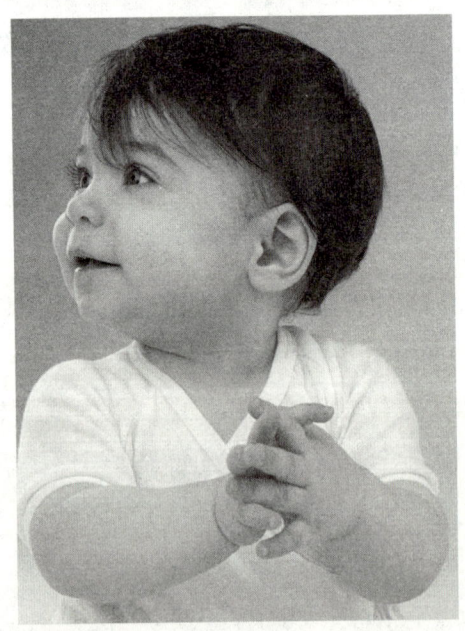

强化孩子的私有观念,才能促使孩子的自我意识快速发展

在孩子的私有观念刚刚产生的阶段，如果家长一直向孩子灌输这样的思想：这些物品是你的，是不容别人侵犯的，那孩子就会得到极大的满足。在这种情况下，他们内心的那个"自我"就会变得非常强大，更会大大促进孩子自我意识的发展。

当然，在这一阶段，因为好奇心和占有欲的促使，孩子常常也会出现"偷窃"行为。例如，他们会把幼儿园的某个玩具偷偷带回家，他们会偷偷地把别的小朋友的物品放在自己的书包里……很多家长对孩子的这种行为表现得非常紧张，也常常严厉地警告或惩罚孩子。

其实，家长的这些行为是非常不科学的。孩子之所以会把别人的物品放入自己的书包里，仅仅是因为孩子对他人物品的归属感还不是很强烈。在这种情况下，只要家长适时地告诉孩子："这些物品是幼儿园的，不能带回家！""这些物品是别人的，不能拿"……这时孩子就会明白，别人的物品跟自己的物品一样，是不容侵犯的。

在这一年龄段，家长最错误的教育方式就是因为孩子"偷窃"而惩罚孩子。事实上，在这些孩子的观念中，他们并没有"偷"的概念，如果家长因为这个理由而惩罚孩子，孩子的自尊心就会受到非常大的打击。这同样会影响孩子自我意识的发展。

2. 与他人交换物品的阶段

随着孩子自我意识的发展，他们会逐渐明白，自己与他人的物品都是不容侵犯的，在这种情况下，孩子们常常会产生交换的思想和行为。

我曾看到过这样一个教育场景：

一个3岁的孩子从幼儿园回来后，拿着一本旧旧的小图画书兴奋地对妈妈说："妈妈，你看，喜羊羊的小画书。"

"哪儿来的？"妈妈奇怪地问道。

"用我的帽子跟我们班小朋友换的。"孩子自豪地说。

"你真傻,你那顶帽子是新买的,很贵的,这本破书才值几个钱呀!"妈妈非常生气地说。

听妈妈这样说,孩子委屈地哭了,而且脸上的表情非常迷茫。

这位家长的做法非常不科学。在3岁孩子的观念中根本没有"价值"的概念,他们更不懂得"等价交换"。在这种情况下,如果家长向孩子灌输"沾光"或"亏了"的观念,那孩子的自我意识往往不能得到自由发展,这对孩子的成长来说是非常不利的。

就拿上述案例中的情况来说,家长因为孩子拿自己的一顶新帽子换了别人的一本旧书而责备孩子,那孩子对"自我"就会产生这样的想法:我是笨的,我是傻的。这些想法会使孩子内心的"自我"变得非常弱小,这会极大地影响孩子自我意识的发展。

那么,家长应该如何看待孩子的交换行为呢?

一位家长是这样做的:

看到孩子拿自己的新文具盒换了一张手制的卡片,这位家长并没有责备孩子,而是温柔地问孩子:"这张卡片是不是那个小朋友最珍贵的物品呀?"

"是的,我的文具盒也是我最珍贵的物品。"这个孩子非常自豪地说。

是的,任何一个孩子在与别人交换物品时,都有自己的衡量标准。他们之所以交换,都有他们认为非常合理的理由。就像上述案例中的情况,这个孩子之所以会拿自己的新文具盒换朋友的一张卡片,是因为这两件物品对于他们两个人来说都是最珍贵的。从这一方面来讲,这两件物品是等值的,所以,他们会为自己的这种交换行为而感到自豪。当然,更重要的是,在这一过程中,交换所产生的那种自豪感会促使孩子内心的自我变得非常强大。所以,家长千万不要干预孩子的这种交换行为。

任何一个孩子在与别人交换物品时,都有自己的衡量标准

3. 乐意与他人分享阶段

当孩子将近5岁时,细心的家长会发现孩子不再那样"自私"了,他们常常会急于把自己的物品分享给别人。很多家长对孩子这种前后行为的差别感到特别奇怪,不明白孩子的行为为什么会突然发生如此大的变化。

其实,当孩子乐意分享自己的物品时,说明他们的自我意识向前迈了一大步。他们之所以喜欢把自己的物品分享给别人,是因为他们发现,自己把物品分享给别人,别人也会把物品分享给自己,这样自己就可以得到更多的物品。

所以,在这种情况下,家长仍然不能干预孩子的这种分享行为。

3 执拗的敏感期

一位家长讲述了这样一件事情:

最近,我家 2 岁半的儿子养成了这样一个习惯,每天晚上睡觉之前必须玩一会儿小汽车,而且是他最喜欢的那辆小汽车。

这天,因为儿子在楼下用他喜欢的那辆小汽车"运"沙子了,所以我把它的小汽车刷洗了一遍。睡觉前,儿子又要玩小汽车,我就随便给他拿了一辆小汽车,他非常不高兴地说:"不是这个!"又换一个,他竟然直接把小汽车摔到了地上……这时,我不得不跟他解释:"你最喜欢的那辆小汽车,妈妈帮你洗了,现在不能玩。"然而,儿子根本听不进去,边哭边说:"我要玩小汽车,你还我的小汽车……"

我努力控制着自己不对儿子发脾气,但我觉得儿子实在是太任性了。

其实,案例中这个孩子的行为之所以如此"反常",是因为他进入了执拗的敏感期。一般来讲,孩子执拗的敏感期在 2 岁左右就会有所体现,但通常来讲,孩子这一敏感期的爆发高峰期却出现在 3~4 岁。在这一敏感期,孩子最主要的表现就是按自己的意愿行事,尽管在很多时候他们的意愿是"不可理喻"的胡闹行为,但一旦自己的行为被拒绝,孩子就会变得烦躁不安、大哭大闹,并久久不能平息。所以,处于执拗敏感期的孩子的宣言就是:凡事都听我的,凡事都是我说了算!

那么,孩子执拗的敏感期是如何形成的呢?

一般来讲，孩子这个敏感期的形成与两个因素有关：

1. 孩子自我意识的发展

随着自我意识的萌发和发展，孩子会惊奇地发现，自己与世界原来是分离的，渐渐地，随着生活范围的扩大和探索能力的提高，他们又会惊奇地发现，自己所能控制的事物越来越多。由此，孩子就会变得喜欢挑战大人，并从中体会"自我"的强大和力量。正因如此，我们也可以这样说，在这一阶段，孩子进入了他人生中的"第一个心理反抗期"。

例如，一位家长曾这样讲述：

每次吃饭时，虽然面巾纸就在孩子面前摆着，但他仍然用袖子抹他油油的小嘴。每当我提醒他"不能用袖子擦嘴"时，他都会冲我微笑，但继续用袖子抹嘴。

更可气的是，我一直都告诉他"不能在床上吃东西"，但有一次，我竟发现他吃完香蕉后，偷偷地把香蕉皮放在我的床上。

是的，在执拗敏感期，孩子最明显的表现就是不与家长合作，甚至故意与家长作对。在这种情况下，家长常常会处于气愤状态，当然，在很多情况下，家长也常常会被孩子气得失去理智。

在执拗敏感期，孩子最明显的表现就是不与家长合作

但如果家长能够理解孩子这些行为是在执拗敏感期的特殊表现，就不会如此气愤了。

一位家长这样分享经验：

每次用识字卡教孩子认字时，他常常都会胡闹一番。例如，他本来认识"六"字，但当我让他读这个字时，他却读"八"或"九"，总之，就是故意不把它读对。刚开始，儿子的这种行为气得我牙根都痒痒，但后来，我总算找到了一个"对付"他的好办法。

再让孩子利用识字卡认字时，在读之前，我会像是自言自语，又像是对孩子说："这个字怎么读来着，我怎么一时间想不起来了呢？"这时，孩子就会急迫地、正确地读出那些字。

当然，有时孩子也会不中我的计，但没关系，我还有计策。这时，我会故意读错那个字，如，我指着"六"字，试探性地问孩子："这个字是念'五'吗？"孩子会嘿嘿一笑，然后告诉我正确的读音。

每当这个时候，我都会不失时机地向他竖起大拇指，而孩子也总会露出得意洋洋的神情。

总体来说，在执拗敏感期，孩子最明显的表现就是"强硬"：有自己的主见，按自己的意愿去做事……在这种情况下，如果家长也用"强硬"的态度来对待孩子，硬碰硬，那肯定会"两败俱伤"：孩子觉得很委屈、很难过，家长觉得很生气、很无奈。

由此，我们可以这样说，当孩子处于执拗敏感期时，家长不妨用"软"一点儿的态度来对待孩子。就像上述案例中那位家长的做法那样，故意装作不认识某个字，或故意读错某个字，引导孩子读出这个字的正确读音。当然，更重要的是，在这一过程中，孩子的自信心得到了增强，他内心的那个"自我"也在不断地壮大。这在很大程度上将促使孩子的自我意识快速、健康地发展。

2. 孩子对秩序的固执和执着。

通常来讲,孩子的执拗敏感期是伴随着秩序的敏感期而出现的。在 2 岁半孩子的内心中,任何事情都有固有的秩序,他们希望所有的事情都按着这些秩序运行。一旦孩子内心的这种秩序遭到挑战或破坏,他们就会产生强烈的不安全感。在这种不安全感的促使下,孩子常常会哭闹、反抗,这也就是我们所说的执拗行为。

读到这里,也许有家长要问:"那我们应该如何应对孩子的这种执拗行为呢?"

其实,确切来讲,孩子的这种执拗行为是没有办法根除的,但家长可以通过自己的爱与理解来减轻孩子内心的焦虑和不安,从而促使孩子的执拗行为得到缓解。

一位家长是这样做的:

一天早晨,孩子要求带着玩具去幼儿园,我答应了。但在帮他穿外套时,他却不肯放下手中的玩具。由于玩具比较大,根本没有办法从袖子中穿过,我就对他说:"放下手中的玩具,等把外套穿好了再把玩具拿起来。"

但孩子却拒绝了我的要求。这时,孩子他爸走过来,非常不耐烦地对他说:"你拿着玩具怎么穿外套呀,这孩子真不听话!"

爸爸的不耐烦使孩子哭了起来,但仍然紧紧地抓住手中的玩具不放。这时,我把孩子他爸支到一边,然后过来安慰孩子:"你是不是特别喜欢这个玩具?"孩子点了点头。

我继续问他:"你是不是怕妈妈不让你把这个玩具带到幼儿园去?"孩子"嗯"了一声,更加委屈地哭了起来。

"你放心吧,妈妈不会阻止你把玩具带到幼儿园的。你看这样好不好,妈妈给你穿这只手时,你把玩具放在另一只手里;妈妈给你穿另一只手时,你再把玩具换到这只手上。行吗?"

因为觉得我确实不会骗他,儿子终于合作地穿上了外套。

提到处于执拗敏感期的孩子，很多家长都会表现出痛苦和无奈的神情。其实，只要家长能够给予孩子足够的理解，孩子的执拗行为就会大大减轻。就拿上述案例中的情况来说，孩子之所以穿衣服时也不肯放下手中的玩具，是因为他怕妈妈不让他把玩具带到幼儿园。如果不了解孩子这一行为背后的目的，即使家长给孩子讲再多的道理也不会赢得孩子的合作。但案例中的妈妈却了解孩子的行为，她把孩子的担心说出来，并向孩子保证绝对不会剥夺他的玩具，在这种情况下，孩子才同意与她合作。

只要家长能够给孩子足够的理解，孩子的执拗行为就会大大减轻

所以，对待孩子的这些执拗行为没有什么"妙招灵药"，家长只能是用心去揣摩孩子的行为，用心去体会孩子的心理，这样，孩子的执拗行为才会有所减轻。

当然，具体来讲，家长还可以用以下几点方法来引导这些正处于执拗敏感期的孩子合作：

● 在执拗敏感期，尽量满足孩子的要求

→ 孩子的思维是直线式的，他们内心的秩序不容破坏
→ 当孩子在"斗争"中落败，他会强烈感觉到自我的渺小

孩子与成人不同，作为家长，我们不能期望孩子像我们一样理性、自制。当然，在很多时候，我们常常会觉得孩子是在故意"刁难"我们。其实，这仅仅是我们的一种错觉，孩子并没有这种目的，他们的很多行为仅仅是由他们特殊的思维方式所决定的。

孩子的思维是直线式的，一旦他们内心的秩序形成，一旦他们的意愿形成，就不容他人破坏。其实，当家长打破孩子的意愿或秩序时，孩子之所以会"拼命"反抗，是因为他们的内心是痛苦的。如果孩子的内心经常被这种痛苦所包围，就会在很大程度上影响孩子的心理健康。所以，在孩子的执拗敏感期，家长最科学的做法就是：尽量满足孩子那些合理的和非原则性的要求。

一位妈妈曾苦恼地这样讲述：

前段时间，在吃饭之前，儿子都会乖乖地去洗手。但这段时间以来，无论我们如何劝，儿子都不肯去洗手。因此，每次吃饭之前，我都会与儿子进行这样的"舌战"：

"乖儿子，我们先去洗手再吃饭好不好？"

"不好！"

"那我们把手擦一擦好吗？"

"不擦！"

"你的手很脏，会把虫子吃到肚子里，我们洗一洗好吗？"

"就不！"

"你不洗手就不允许你吃饭！"

"我就吃！"

……

我知道这样继续下去不是办法，每次趁孩子不注意，我都会强行把他的手擦一擦。但每当这时，儿子脸上的表情都会特别痛苦，有时，就因为这件事，他连最喜欢的蛋糕都不吃了。看到他痛苦的样子，我常常会怀疑自己的方式是否正确。

这位家长对自己教育方式的怀疑是必要的,她与孩子进行"舌战"的做法确实是不科学的。由这位家长的讲述我们还可以看出,家长给处于执拗敏感期的孩子讲道理、乞求他们合作的做法都是不科学的,因为家长越是这样做,孩子的行为往往越执拗。

当然,如果家长用强制的方法促使孩子合作,不但会对孩子的心理造成影响,而且势必会引起孩子更大程度的反抗。当家长为他强行擦手后,上述案例中的孩子之所以会呈现出痛苦的表情,是因为在与家长的"斗争"中,他"失败"了,这使他觉得自己特别渺小。而之后他之所以不再吃蛋糕,是他与家长继续"斗争"的另一种方式。由此我们也可以看出,家长强制的方式对孩子的心理影响有多大。

了解了孩子正处于执拗敏感期之后,这位家长的教育方式发生了很大的变化,当然,孩子的行为也发生了很大的转变。以下是这位家长的分享:

在吃饭之前,我这样对儿子说:"乖儿子,我们把手洗一洗好吗?"

"不好!"儿子连思考也不思考就拒绝我。

"那算了,不洗就不洗吧!"我仍然平静地回应。

儿子很惊讶地看着我,他想了想,又对我说:"妈妈,可我手上有虫子,吃到肚子里会痛的。"

"那你说应该怎么办呢?"我故意问他。

"妈妈,要不你帮我擦擦手吧!"儿子"慷慨"地说。

"好呀,这样虫子就不会吃到肚子里去了,真是个好主意,你真有办法!"我趁热打铁地夸了他几句。

看,当家长不再讲道理,也不再央求时,孩子的行为就不再像之前那样执拗了。在执拗的敏感期,由于孩子的自我意识刚刚萌芽,他们常常通过拒绝家长或与家长对着干来锻炼自我意识。

在这种情况下,如果家长执意要与他们"较劲",只能是把孩子更多的执拗行为激发出来。但如果家长满足孩子的那些非原则性的要求,孩子往往就会一改往日"任性"的常态。就像上述案例中的情况,当家长不再强迫孩子去洗手时,孩子就开始为自己的健康着想,要求家长擦手了。

读到这里,也许有家长会说:"孩子的反应未必每次都朝着我们希望的方向发展,当孩子就这样脏着手吃饭时,我们应该怎么办呢?"

这位家长仍然有"妙招",她是这样做的:

当孩子不想洗手也不想擦手时,我就会递给他一个小勺,并对他说:"用这个漂亮的小勺吃饭,就不会把虫子吃到肚子里了。"

当然,孩子很喜欢那个漂亮的小勺,但当他发现用小勺没有办法吃他最喜欢的排骨时,他只好央求我说:"妈妈,你还是给我擦擦手吧!"

只要家长掌握了孩子的心理和"对付"他们的技巧,
孩子的执拗行为会大大减少

这位家长是用漂亮的小勺来转移孩子的注意力的,当孩子的注意力转移到那只漂亮的小勺上面时,他的行为就不会那样执拗

了。当然，当他发现用小勺吃饭不如用手方便时，他自然会自己寻找解决的办法，请求妈妈为他擦手。

是的，只要家长掌握了孩子的心理和"对付"他们的技巧，孩子的执拗行为就会大大减少。

● 父母双方的教育意见一定要统一

> → 家长的暴力行为是会在孩子身上延续的
> → 孩子是个"小机灵鬼"，最会钻家长教育意见不统一的"空子"

在很多情况下，如果家长没有掌握教育孩子的技巧，整个家庭的生活往往都会被孩子搞得一团糟。

一位伤心的家长曾这样讲述：

由于孩子总是故意与我们对着干，孩子他爸的脾气最近变得异常烦躁。每当孩子不听话时，他就会对孩子大打出手。

在很多时候，我觉得孩子还小，用暴力的方式进行教育会使孩子心理受到伤害，于是我常常会阻止爱人的暴力行为。但每当这时，他都会不分青红皂白地冲我大吼："孩子都是被你惯坏的！"听他这样说，我自然会觉得非常委屈，就会忍不住跟他大吵起来。

这段时间，我们三口人之间处处充满了矛盾，并且还陷入了恶性循环中：矛盾从他们父子之间开始，转移到我们夫妻之间，再转移到他们父子之间……我真想不通，我们家怎么会乱成一锅粥了呢？

是的，孩子的执拗行为常常会使家长心情烦躁，但如果家长因此而失去理智，用暴力来对待孩子，那就是非常不明智的做法了。在大多数情况下，虽然暴力可以促使孩子放弃执拗行为，促使孩子合作，但这种教育方法对孩子心理造成的伤害却是巨大的。

暴力只能促生更多的暴力。一位家长曾讲述过这样一件事情：

一天早上，女儿睡醒后就嚷着要穿那件带有美羊羊图案的T恤，但不巧的是，那件T恤已经脏了，我昨天晚上忘记洗了。

我对女儿说，那件T恤脏了，今天不能穿了。但女儿根本不听，见我给她拿来别的衣服，她不但拒绝穿，还哭了起来。我非常生气，照着她的小屁股打了两下，虽然她仍然在哭，但我给她穿衣服时她已经不反抗了。

下午我去幼儿园接她时，老师竟然这样向我"告状"："今天这孩子也不知道是怎么了，趁我不注意时，她使劲儿在别的小朋友屁股上打了几下，而且打完就跑。"

是的，家长的暴力行为是会在孩子身上延续的。从表面来看，家长的"暴力"可以促使孩子屈服，但实际上，孩子并没有真正屈服，他们一直在寻找机会，把这种暴力在其他方面释放出来。作为家长，你是不是常常会发现孩子的这些行为：

当布娃娃"不听话"时，他们常常会殴打布娃娃；

他们常常会故意毁坏小汽车、动物模型等玩具；

他们常常会欺负比他们小一些的孩子。

如果你的回答是肯定的，这说明你在教育孩子的过程中常常会有意无意地使用暴力。家长们千万不要小看孩子的这些行为，这是孩子"暴力倾向"的一种前兆，如果不及时调整自己的教育方式，孩子很有可能就会形成暴力的性格、暴力的思维等。

在孩子的执拗敏感期，除了使用暴力之外，家长的另一种行为也常常会使孩子误入歧途。这种行为就是——父母的教育意见不统一。

就像此节第一个案例一样，由于不理解孩子的这种执拗行为，很多家庭常常会上演这样的闹剧：父母中的一方刚刚与孩子争吵一番后，父母之间的"大战"也跟着开幕了……

家长不要以为孩子年龄小，不懂事，他们可是地地道道的

"小机灵鬼",因为他们总是会为自己寻找"靠山"。如果家长的教育意见不统一,孩子往往就会学会"钻空子",这对孩子良好性格的形成是非常不利的。

一位家长曾这样说过:

我们夫妻俩常常会因为孩子而争吵,当然,争吵的内容无非是谁的教育观点正确。每当争吵结束后,儿子就会主动乖巧地"蹭"到袒护他的那一方怀里去。当然,当他又想"耍赖"时,就会主动寻求这一方的"援助"。例如,如果妈妈袒护他,当他不想洗手就吃饭时,他就会故意对妈妈说:"妈妈,我的手有点儿痛,我不想洗手了。"

是的,家长的意见不统一常常会使孩子产生这样的想法:总会有人袒护我。在这种想法的影响下,孩子的不合作行为以及胡闹行为往往就会愈演愈烈。所以,不管孩子是否处于执拗期,为了孩子性格的健康成长,家长的教育意见都应该统一。

读到这里,很多家长都会这样说:"在大多数情况下,父母的教育意见总会有分歧,这种情况应该如何处理呢?"

其实,如果家长能够做到以下几点,这种情况就很容易解决。

当家长中的一方在教育孩子时,不管对与错,另一方最好先保持沉默。

教育意见出现分歧时,不要当着孩子的面争吵,当夫妻两人独处时,再讨论最佳的教育方式。

如果父母中的某一方发现自己先前的教育方式是错误的,要真诚地向孩子道歉。

当家长双方齐心协力地为孩子的成长而努力时,相信孩子会很快度过执拗敏感期的。

第四章

4岁左右

到了4岁之后，大多数孩子俨然变成了"小大人"，他们开始礼貌地与成人对话，开始拥有自己的人际关系……每位家长都会为孩子的这一成长感到惊喜。但与此同时，这些小家伙们却又常常会做出一些让家长们哭笑不得的事情。例如：

因为一点小事，他们就会委屈地哭成一个"小泪人"；

他们常常嚷着要和××小朋友结婚；

他们经常要求看爸爸（妈妈）的裸体；

他们宣称自己是奥特曼、白雪公主；

……

面对孩子的这些行为，家长常常会被孩子那些可爱的表情、幼稚的想法逗笑，但在很多时候，家长又常常非常紧张，不知道该如何回答孩子的问题，如何应对孩子的行为。

其实，孩子这些行为的背后都隐藏着某个特定的敏感期。例如，孩子常常会觉得委屈，是因为他们进入了情感表达的敏感期；孩子之所以要求"观赏"家长的裸体，是因为他们进入了性别的敏感期；孩子之所以会宣称自己是奥特曼、白雪公主，是因为他们进入了身份确认的敏感期……

那么，家长应该如何应对孩子的这些敏感期呢？在本章中，我们将分别给家长们进行详细的介绍。

① 情感表达的敏感期

一位妈妈曾这样讲述：

最近我4岁半的女儿变得有些黏人，以前我送她到幼儿园，她都会愉快地挥着手跟我说"再见"。但现在她每天都要跟我"缠绵"好一会儿，要么拉着我的衣服不让我走，要么一直叮嘱我："妈妈，今天下午你要早点儿来接我，要第一个哦，要开着汽车来接我，还要开飞机……"当然，每次我离开幼儿园时，都会惹得她大哭，但听老师说，每当我走之后，女儿很快就会恢复到平常的活泼状态。我很纳闷，女儿以前不这样，最近怎么总是爱黏着我呢？

其实，案例中的小女孩之所以喜欢黏着妈妈，是因为她进入了情感表达的敏感期。所谓情感表达的敏感期，是指在4岁左右这一阶段，孩子对家长尤其是对妈妈的态度，突然变得敏感、脆弱，他们在情感上非常依恋妈妈。他们常常因为一点儿小事就觉得伤心、委屈，而且常常因为这些小事而哭泣。

但为什么在4岁这个年龄段，孩子要经历这个敏感期呢？主要有以下两点原因：

1. 家长的爱唤醒了孩子的情感

从出生到3岁这一时期，家长不仅给予了孩子最基本的温饱，还用自己无微不至的爱伴随着孩子成长。在这一过程中，孩子非常享受地接受着家长给予他们的爱，他们已经习惯了这种无微不至的爱。但到了三四岁这一阶段，孩子要读幼儿园了，因为要离

开朝夕相处的妈妈,还要面对陌生的环境,所以大多数孩子都会表现出恐惧和不安。

另外,每个孩子都是在家长的爱中成长起来的,家长的爱把孩子内在的情感世界唤醒了。这时,孩子会惊奇地发现,情感世界是可以互动的。当他们伤心或哭泣时,家长常常会给予他们更多的关爱,所以,他们常常用哭泣等情感来表达对妈妈的不舍或自己所受的委屈。

2. 到了4岁左右,孩子对情感有了更深刻的认识

对于3岁之前的孩子来说,在与家长分离时,他们也会哭闹,但此时的哭闹中所含的情感因素并不是很多。这是因为这一时期的孩子还不具备理性思维的能力,当家长外出时,他们会认为家长消失了;当家长回来时,他们又认为家长是突然出现的。所以,在这一时期,他们与家长分离时会焦虑和哭泣主要是因为他们缺少安全感。

但到了4岁之后,由于家长的爱把孩子的情感唤醒了,使得孩子对情感有了更加深刻的认识。当家长离开他们外出时,或者没有及时地去幼儿园接他们时,他们会伤心、哭泣,因为他们觉得这是家长不爱他们的表现。哭过之后,孩子还会把这件事放在心上,就这样,孩子的心事就产生了。当然,孩子的情感也在发展。

在情感表达的敏感期,孩子除了喜欢黏人之外,还常常会表现出以下几种行为:

1. 常常"吃醋"

一位家长曾讲述过这样一件事情:

周末的一天,同事带着她3岁的女儿来家里做客。因为那位小客人非常小,所以我对她表现得非常热情,不仅把家里所有的零食拿出来供她享用,还不时把她抱在怀里,亲亲她可爱的小脸蛋。

但我的这些做法却激怒了4岁的儿子。起初，他还热情地带小妹妹玩，但后来他不仅开始冷落小妹妹，而且还总是找机会欺负她。尤其是当他看到我亲吻小妹妹的脸蛋时，他竟然大声对我嚷道："妈妈，你不能这样！"然后就跑到自己的房间里哭起来了。

儿子当时的表情和动作特别可爱，没想到他小小年龄竟然吃起妈妈的"醋"来了！

是的，由于4岁左右的孩子已经有了私有观念，更加上他们对爱与情感有了更加深刻的认识，所以，他们希望家长的爱只属于自己。因此，当看到家长把爱也给予别的孩子时，他们会本能地排斥别的孩子，并且还会产生这样的想法："爸爸妈妈爱别的孩子，不爱我了。"所以，在这种情况下，他们常常会非常伤心地哭泣。

情感敏感期的孩子，会表现出"吃醋"的行为

面对孩子这种"吃醋"的行为，家长千万不要指责孩子"不懂事"或"霸道"，因为这只会更加证明孩子的想法，从而使孩子更加伤心。在这种情况下，家长一定要找机会让孩子明白自己的爱，这样才不至于使孩子因为得不到家长的爱而形成心事。

例如，上述案例中的那种情况，妈妈就可以走到孩子的房间，关上门来安慰孩子。妈妈可以一边把孩子搂在怀里，一边这样对

他说:"你是不是觉得妈妈不爱你了?""其实妈妈是非常爱你的!""小妹妹是咱们家的小客人,长得又这样漂亮,我们一起来跟她玩好吗?"……在得到了妈妈是爱自己的这一结论之后,这个小男孩很有可能就会开心地与小女孩玩起来。

2. 对委屈非常敏感

一位妈妈曾这样讲述:

一天,4岁半的女儿剪纸时,不小心把手指划了一个小口。这时,女儿的眼泪在眼眶里直打转,看到这种情况,我一边帮她包扎,一边对她说:"现在伤口一定是有点儿痛,不过,妈妈给你包扎好之后,很快就不会痛了。"在我的这种安慰下,女儿的眼泪最终也没有流出来。

然而,下午我妈过来看女儿,看到女儿手上的纱布,她一边批评我说:"你是怎么搞的,连孩子都看不好,这大夏天的,孩子的伤口要是发炎怎么办?"一边心疼地安慰女儿:"乖孩子,让姥姥来看看,疼不疼呀?"

没想到姥姥的这种安慰却惹得孩子大哭起来,她一边抹眼泪,一边抽噎。姥姥把她搂在怀中,她抽噎得更厉害了,看起来像是受了天大的委屈一样。

我赶紧向妈使了一个眼色,让她别再说下去,过了好半天,女儿才停止了哭泣。

案例中的孩子为什么会哭得如此伤心呢?原因很简单,因为姥姥的话让她觉得自己受了很大的委屈。是的,处于情感表达敏感期的孩子对委屈是非常敏感的。但在很多时候,孩子的这种委屈是在家长的过分渲染中被激发出来的。例如上述案例中的情况,孩子的手指刚刚受伤时,她是因为疼痛而流眼泪,当妈妈为她包扎好伤口,并细心地安慰她之后,孩子的疼痛感很快就消失了。但当姥姥开始指责妈妈的不小心,并渲染孩子的疼痛时,孩子就会产生这样一种错觉：是妈妈不关心自己，才使自己受伤。在这种错觉的影响下，孩子伤口的疼痛感就被扩大了，因此孩子会觉得越来越委屈。所以，也可以这样说，家长一定要用理智的态度面对孩子受伤的情况，这样才不会使孩子产生委屈的错觉，也才能使孩子正确面对自己所受的伤。

3. 懂得了表达自己的情感

一位父亲曾这样讲述：

我正在客厅里看报纸，4岁的女儿从幼儿园回来之后，就不停地在我的身边转来转去，而且还不时地打我一下、捏捏我的肉。女儿的这种行为使我不能集中精力看报，因此我有点儿不耐烦地对她说："爸爸正在看报纸，你去跟洋娃娃玩一会儿吧。"但我越是赶她，她越是往我身上贴。最后，我生气地大声对她喊道："你这孩子怎么这么黏人！"

这一招还真管用，女儿不再黏我，但她却站在一旁不停地流眼泪。这时，孩子的妈妈走过来，把女儿搂在怀里问她："乖女儿，告诉妈妈，你怎么了？"

女儿哭得越来越委屈了，她一边抽噎，一边对妈妈说："妈妈，我刚才给爸爸捶背，爸爸不喜欢我。"

这时，我才恍然大悟，女儿刚才在我的后背打一下、捏一下，原来是在为我捶背。我立刻放下报纸，真诚地向她道歉，并把她抱起来，女儿的情绪才渐渐地恢复平静。

在情感表达的敏感期，孩子除了特别在意家长是不是很爱他们之外，还常常用自己的方式向家长表达爱。也许上述案例中的孩子刚刚在幼儿园学习了给家长捶背，所以她想在爸爸身上试验一下，但没想到却惹得爸爸这样反感，于是，孩子就产生了这样的感觉：爸爸不爱我。这种感觉很容易就会使孩子产生委屈感，所以孩子才会伤心地流泪。

这一敏感期的孩子还喜欢向家长索取爱

孩子在这一敏感期，还常常喜欢往家长的怀里钻、喜欢亲吻家长等，其实，这不仅仅是他们在向家长索取爱，也是在向家长表达自己的爱。所以，为了避免使孩子受到伤害，并促使孩子健康成长，家长一定要能读懂孩子的行为。

那么，具体来讲，面对孩子的这些特殊行为，家长应该如何做，才能帮助孩子顺利地度过这一敏感期呢？

◉ 允许孩子自由地表达情感

> → 这一时期，孩子爱哭，是因为他们对委屈非常敏感
> → 孩子的生理问题，很可能是源于心理问题

在情感表达的敏感期，孩子不仅常常会因为一些小事而落泪，而且他们对家长情绪的变化也非常敏感。只要家长稍微表现出一丝不悦或不耐烦，他们就会觉得自己不再被爱了，眼泪就会涌

出来。

面对孩子的这种情况，很多家长常常这样给孩子下定义：

这个孩子太爱哭、太脆弱了；

这个孩子的心理承受能力太差了；

……

当然，对此反应最激烈的仍然要数男孩的家长。一位4岁男孩的父亲曾这样说过：一个男孩子家为一点儿小事就哭泣，而且对人际关系如此敏感，照这样下去，迟早有一天会变成"娘娘腔"的。

其实，不管是男孩的家长还是女孩的家长，上述这些对孩子所下的定义都为时过早。一个刚刚四五岁的孩子，家长就对他们的性格或心理承受能力下定论，这是非常不科学的。更何况，4~5岁的孩子正处于情感表达的敏感期，他们的爱哭及敏感行为都是正常表现。

我曾亲眼看到过这样一个教育场景：

下午，妈妈来接5岁的女儿回家，女儿从幼儿园出来，一看到妈妈就趴在妈妈的怀里伤心地哭泣。这位妈妈一边安慰孩子一边问她："到底发生什么事情了，能告诉妈妈吗？"

孩子一边抽噎，一边对妈妈说："我最好的朋友背叛了我，她不跟我好了。"

听女儿这样说，妈妈非常轻松地对女儿说："就这点儿小事呀，别哭了，这有什么值得哭的呀！"

然而，听了妈妈的话，孩子哭得更伤心了。

读到这里，很多家长都会与案例中的妈妈持同样的观点：至于吗，为了这样的小事就哭得如此伤心！但持有这种观点的家长都不了解孩子的心理，对于成人来说，自己的好朋友又结交了别的朋友，这是小事一桩。但对于孩子来说，这却是一件非常大的

事情。案例中的孩子之所以会哭得更伤心，是因为妈妈不理解她，妈妈否定了她的情感。

在情感表达的敏感期，孩子在幼儿园受了委屈，一般都会向家长诉说。在这种情况下，家长的理解和关爱能够帮助他们的情绪恢复稳定，并驱除他们内心的委屈。但如果家长总是觉得孩子情绪的产生是没有必要的，总是否定孩子的情绪，孩子便会渐渐丧失对家长诉说的欲望。更重要的是，如果孩子内心的委屈不能得到及时的消除，久而久之，就很容易出现心理问题。

当然，对孩子伤害最大的还要数家长的这种教育方式：

每当4岁的小宇哭泣时，爸爸就会这样对他说："男儿有泪不轻弹，不许哭！"小宇特别怕爸爸，所以，每当这时，他都会躲到一旁默默流泪，或努力不让眼泪流出来。

爸爸对小宇的这种表现非常满意，但令爸爸没想到的是，最近小宇却常常肚子痛，看了很多医生，肚子痛的症状都没有减轻。后来，爸爸只得带小宇去看心理医生，在心理医生的引导下，小宇肚子痛的症状很快就减轻了。当然，心理医生还把他给小宇治疗的药方告诉了小宇爸爸：允许孩子自由地表达自己的情感，如哭泣和发脾气等。

读到这里，也许家长们会很奇怪，孩子肚子痛与其心理怎么会有联系呢？是的，肚子痛与孩子的心理问题一般不会有关系，但如果家长总是不允许孩子自由地表达情感，那情况就不好说了。就拿案例中的这种情况来说，如果家长总是不允许孩子自由地哭泣，那孩子不仅会莫名其妙地肚子痛，还常常会莫名其妙地胃痛、头痛，甚至是肌肉痛等。这些疼痛都是孩子积压的情感在其身体上的表现。

孩子任何一种情感的产生都是有理由的，都是正常的，当然这其中包括哭泣和发脾气。如果家长不允许孩子自由地表达这些情感，那它们就会以其他形式在孩子的身体上表现出来，上述案例中的情况就是很典型的一个代表。

● 满足孩子的情感需求

> → 孩子黏人，是因为他需要更多的爱
> → 孩子"无理行为"的背后往往隐藏着非常合理的心理要求

有教育学家说过这样一句话：孩子每种哭泣行为的背后必定隐藏着一种没有满足的心理需求。在孩子情感表达的敏感期，这句话的科学意义表现得更为明显。在这一敏感期，孩子最容易哭泣，但此时他们的哭泣大都向我们传达了这样一个信号：他们感觉不到家长的爱了。这是孩子对家长爱的一种依恋和强烈需求。

所以，在这些情况下，家长最科学的做法就是，用孩子最喜欢的方式让他们感觉到自己对他们的爱。然而，遗憾的是，大多数家长不了解孩子的这些心理需求，常常使孩子的心理受到伤害。

一位母亲的育儿日记中曾记录了这样一种情况：

最近，4岁多的儿子突然变得非常黏人。一直以来，他都是与奶奶一起睡，或自己在小屋里睡，但这段时间他却非要和我一起睡。

一天晚上，我给他讲完故事，看他已经闭上了眼睛，便想悄悄离开，但我刚一动身，他却忽然睁开眼睛，拉住我的衣服对我说："妈妈，我想和你一起睡。"

他央求了很久，我同意了，便跟他在小屋里的床上一起睡。我一边哄他睡觉，一边想：等他睡着了，我再溜回自己的房间。

一切按计划进行。但到了半夜，儿子却在自己的房间里哭了起来，并且边哭边嚷："妈妈，我要和你一起睡，我要和你一起睡……"

老公被儿子的哭声吵醒了，他不耐烦地冲着儿子房间的方向

大喊道："大半夜的哭什么哭，你烦不烦呀！"

儿子平时最怕爸爸，我能感觉到，儿子的哭声渐渐小起来，他边哭边小声地喊着："妈妈，过来，过来……"

我想过去看看儿子，但老公却制止了我，并故意大声地说："不能惯他这坏毛病，早点儿睡，明天还要上班呢！"

儿子渐渐由小声的哭泣变成了控制声音的抽泣。这个声音又持续了一段时间，等儿子房间里没有声音了，我才安心地睡下。

我们可以想象一下，得不到妈妈的爱与安慰，整个晚上，案例中的孩子是在何等的不安全感中度过的！他之所以想跟妈妈一起睡，并不是因为他害怕，而是因为他渴望家长的关爱。除了语言，每个孩子都会用哭泣来表达自己的情感。但对于3岁之前的孩子来说，他们哭泣的原因大都是因为生理原因，如肚子饿了、身体不舒服等，很少涉及情感的因素。在这个时候，由于孩子还小，当孩子哭泣时，大多数的家长都能满足他们的要求。但随着孩子年龄的增长，很多家长都会产生这样的思想：不能事事都顺着孩子，这会把孩子惯坏。就像上述案例中的情况，孩子想跟妈妈一起睡，妈妈却把孩子的这种行为看做是"黏人"的表现；当孩子哭泣时，爸爸不允许妈妈去安慰他，是因为怕把孩子惯坏了……

其实，这两位家长的教育方式都是错误的。孩子想与妈妈一起睡，是因为他想得到妈妈更多的爱抚和表达爱的话语，却没想到自己的这一要求竟然被妈妈拒绝。在这种情况下，孩子就会产生这样的疑问："妈妈是不是不爱我了？"在这种心理的影响下，孩子睡觉是睡不踏实的。所以，当他半夜醒来发现妈妈真的不在身边，当他哭泣时也不能得到妈妈的安抚时，就更加印证了他心中的疑问。可想而知，家长的这种行为会对孩子的心理造成多大的伤害！

其实，案例中的孩子想和妈妈一起睡，这仅仅是他的表面语言,他想表达的真实意思是:妈妈,我需要你更多的爱。所以,在这种情况下,妈妈只要说一些关爱的话就可以使孩子放弃这一"无理要求"。例如,可以一边拍着孩子睡觉,一边这样对孩子说:"妈妈是爱你的,妈妈会永远爱你……"在家长爱的包围下,孩子很快就会安心地睡去。

当然,有时家长这些关爱的语言也不足以使孩子安心,例如,即使家长已经答应了要陪孩子一起睡,孩子仍然翻来覆去不肯睡。出现这种情况,说明孩子内心渴望爱的欲望特别强烈,他们怕失去家长的爱。在这种情况下,家长要一直陪着孩子,让孩子那颗渴望爱的心得到满足。

是的,在很多时候,孩子"无理行为"的背后往往隐藏着非常合理的心理要求。因此,在孩子情感表达的敏感期,家长只有满足孩子的情感需求,孩子的心理才会健康成长,他们才会越来越愿意与家长合作。

② 人际关系的敏感期

一位家长在自己的教子日记中这样记录：

今天早晨刚刚起床，3岁的儿子帅帅就闹着让我给他买手枪，我很奇怪地问他："前几天不是刚给你买了一把手枪吗？"他支支吾吾地说不出一句完整话，最后，他低着头告诉我："那把手枪丢了。"

我知道儿子所说的并非事实，但我没有继续追究。下午去幼儿园接他时，我发现他正与小朋友争夺那把手枪。手枪在那个小朋友的手中，儿子一边追着他要，一边对他说："这把手枪是我的。"

"可是你已经送给我了。"那个小朋友紧紧地把手枪抱在怀里。

我刚想介入他们之中，幼儿园的老师拉住我说："帅帅正处于人际关系的敏感期，尽量让他自己去解决这些问题。"

最后，儿子与那个小朋友达成了这样的协议：儿子的手枪让那位小朋友玩几天，但那位小朋友得把他的小汽车借给儿子玩几天。

当孩子进入人际关系敏感期，就会利用工具与小伙伴建议友谊

是的，当孩子的私有观念和自我意识产生之后，交换就拉开了他们人际关系的序幕，由此，孩子就进入了人际关系的敏感期。当孩子到了3岁时，他们就会产生与人建立关系的需求，除了要求与家长建立牢固、亲密的关系之外，他们还渴望与周围的小伙伴建立某种关系。但孩子是如何迈出人际关系第一步的呢？

儿童心理学家表示，在建立人际关系方面，食物是被孩子利用的第一个工具。

一位家长曾这样说过：

这段时间以来，我家儿子忽然变得非常慷慨，平时他最喜欢吃栗子了，每当我买了栗子，他只分给我和他爸一点点，其余的都要自己吃。但现在，他却把栗子都带到幼儿园，说是要分享给别的小朋友。

成人常常把请客吃饭作为接近他人的一种方式，处于人际关系敏感期中的孩子也是如此。上述案例中的孩子之所以愿意把自己最喜欢吃的栗子分享给别的小朋友，是因为他想用栗子来吸引小朋友的注意，并借此赢得他们的友谊，以成为他们的好朋友。

的确，通过这种分享零食的方式，孩子很容易与别的小朋友建立起朋友关系。但没过多长时间，孩子就会深深地陷入痛苦之中，因为他们会发现自己通过分享零食而得到的友谊很快就消失了。为什么会出现这种现象呢？

因为食物很快就失去了功效。各种各样的零食虽然美味，但它们总有吃完的时候，所以零食只能满足孩子一时的口福享受。在这种情况下，很多孩子常常会非常迷茫：为什么用零食换不来友谊了呢？

在经历一段时间的迷茫和痛苦之后，孩子终于又总结出了一

点儿经验：零食已经不能再用来维持友谊，但新鲜的玩具却能赢得更多小伙伴的喜爱。于是，他们又开始通过送小伙伴玩具或与对方交换玩具来赢得对方的友谊。

一位幼儿园老师讲述了这样一件事情：

3岁的小男孩睿睿把自己的玩具小汽车送给齐齐之后，很快就后悔了。当他不停地追着齐齐要回小汽车时，我这样对他说："老师知道你特别想要回自己的小汽车，但老师问你，你送齐齐小汽车是不是想和他交朋友呀？"

睿睿点头称是。

我蹲下来抚摸着他的头说："如果你现在要回小汽车，就是不讲信用的表现。如果你不讲信用，别的小朋友是不会与你交朋友的，当然，齐齐也不会跟你交朋友。"

听到没有人跟他交朋友，睿睿难过得快要哭出来了，我趁热打铁地问他："那你还想要回自己的小汽车吗？"睿睿低着头不说话，但最后他还是摇了摇头。

难过的睿睿很快就高兴起来了，因为他得到了一把小手枪，是齐齐送给他的，而且更重要的是，他得到了齐齐的友谊。

对于两个处于人际关系敏感期的孩子来说，如果他们手中都有玩具，他们常常会通过交换的方式来获得彼此的友谊。当然，在很多时候，他们也会反悔，常常要求要回自己的玩具。在这种情况下，即使是成人参与进来，孩子有可能会选择继续通过交换来维持友谊，也有可能选择要回自己的玩具，从此与朋友"一刀两断"。所以，交换这种方式也不能长久地使孩子们维持友谊。

随着年龄的增长，大多数孩子渐渐形成了自己的兴趣，例如，很多孩子喜欢玩洋娃娃或者汽车……于是，喜欢洋娃娃的孩子和喜欢汽车的孩子就经常会找与自己有共同爱好的小伙伴在一起玩。

也正是在这一过程中,孩子很快就总结出一些交友的重要原则,那就是:有相同的兴趣,我喜欢他(她)、他(她)喜欢我,或我们能相互让步。所以,在这一时期,孩子会找到三两个固定的玩伴,真正意义上的友谊也就由此开始了。

随着年龄的增长,大多数孩子渐渐形成了自己的兴趣

当然,也正是在这个意义上,孩子的性别意识也开始明确起来。因为在此之前,男孩与女孩基本上都是在一起学习或游戏的,他们的爱好和兴趣也不会有太大的区别。但在此之后,男孩和女孩的爱好和兴趣便开始出现了分化,女孩开始迷恋上过家家和洋娃娃,而男孩开始迷恋上小手枪、小汽车以及一切带有冒险性的活动,因此,在这一阶段,孩子的友谊都是在同性伙伴之间发展起来的。

在人际关系的敏感期,孩子常常也会遇到很多问题,如自己的玩具被小伙伴抢去、常常受到小伙伴的欺负……作为成人我们知道,这些问题肯定会影响孩子人际关系敏感期的心理发展。但家长应该如何做,才能帮助孩子顺利地度过这一敏感期呢?

家长们可以借鉴以下几点方法:

● 用正确的态度对待孩子的分享、交换行为

> → "不等价交换",是孩子成长的加速剂
> → 鼓励孩子去交换,是对孩子社交能力的一种培养

我曾看到过这样一个教育场景:

家长生气地指责孩子说:"你这孩子简直是太傻了,竟然把我刚给你买的水彩笔给了别人,换来这样一张旧卡片。你这孩子怎么这么缺心眼呢!"

听家长这样评价自己,孩子流露出非常迷茫和伤心的神情。他认真地看着自己换来的那张卡片,真的不知道接下来该怎么办了。

是的,在很多时候,作为家长,我们常常用成人的眼光去分析、评价孩子的行为,但这些成人式的分析或评价却常常会对孩子造成伤害。例如上述案例中的情况,面对家长的那些评价,孩子之所以会表现得无所适从,是因为他的脑子里产生了这样的思想:我与小伙伴通过交换自己最喜欢的物品来交朋友,这错了吗?难道我真的受骗了……这些思想不仅会使孩子的交友受到影响,而且还会影响孩子对人与人之间关系的探索。当然,更重要的是,在面对家长消极评价的过程中,孩子常常会觉得自己非常弱小,这会在极大程度上影响孩子自我意识的发展。一个总是怕自己会受骗的孩子,是不会敞开心扉去与他人交际的。很多家长常常抱怨自己已经成人的孩子不善交际,其实在孩子童年时期,家长就已经在他们心中埋下了可怕的阴影。

读到这里,很多家长也许会这样说:"孩子与他人交换玩具等物品,无非是想与别人交朋友,其实根本不用这么麻烦,我们提前教他们一些交友的技巧不就可以了吗?"

从表面来看，这些家长的观点很有道理，但实际上，家长们的这些观点是不科学的。不管孩子是用送对方零食的方式来赢得友谊，还是通过交换玩具的方式来交朋友，都是孩子人际关系意识自然发展的一种表现，是孩子成长的一种方式。家长刻意地去教孩子，总不如让孩子在探索中自己总结经验更有利于孩子成长。

那么，具体来讲，家长应该如何对待孩子在人际关系敏感期表现出来的那些交换行为呢？

一位家长这样总结经验：

在我家女儿4岁那年，她开始频繁地往幼儿园里带零食。一次，我刚给她买了一大盒威化饼，她一次就往小书包里装了半盒。我问她："这么多威化饼你能吃得完吗？"

没想到女儿却认真地说："我要与好朋友一起分享。"

我知道女儿是进入了人际关系敏感期，所以我并不阻止她的这一行为，当然，我也不会忘记及时地为她采购零食。

这位家长的做法非常科学，她懂得孩子人际关系敏感期的发展历程，虽然用零食"贿赂"来的友谊不会太长久，但这毕竟是孩子成长的一种方式。所以，为了使孩子顺利地通过这种方式来获得友谊，案例中的家长总会为孩子提供足够多的零食。

读到这里，很多家长也许会这样问："孩子那些好吃的零食不愿意分享给家长，却愿意分享给幼儿园的小朋友，这种做法不是很傻吗？"其实，任何一个孩子都不傻，因为他们的交换行为都是有目的的——为了赢得其他小朋友的友谊。

但是食物不能长久维持孩子们之间的友谊。随着认知的发展，孩子很快就会发现，"交换"这种方式不仅可以使自己获得友谊，而且还很公平。于是，他们开始用交换的方式去获得友谊。当然，在孩子交换的过程中，家长除了不能用成人的眼光来看待他们的

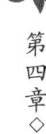

这种行为之外,还应该给孩子相应的鼓励。

一位家长这样讲述:

每次去幼儿园,儿子都会把他喜欢的玩具,如小汽车、童话光盘等装进他的小书包。我知道,他要和他的小朋友去交换,所以我从来不阻止他。

一天下午,我去接儿子,刚走到教室门口,就被几个小朋友围住了。他们叽叽喳喳地对我说:"阿姨,我想借昊昊的光盘,就借一晚上""阿姨,我非常想玩这只小手枪,我就玩一晚上。"……看到儿子低着头左右为难的样子,我对这些孩子说:"这些玩具都是昊昊的,他的玩具他自己做决定。"

听我这样说,儿子惊讶地看着我,从他的眼中,我能读出自信与兴奋。他自豪地拿着玩具分别对那些小朋友说:"这个玩具可以借给你,但你必须答应我,不要把它弄坏,还有,明天早晨一定要还给我。"

"交代"完这些之后,儿子非常神气地跟我回家了。

孩子进入人际关系敏感期时,家长要给孩子足够的自由,让他们感觉到自己强大的力量

这位家长非常聪明，她的这种做法不仅可以促进孩子人际关系的发展，而且还可以使孩子感受到自己的强大力量，从而促使他在人际交往中处于积极主动的地位。当孩子带着积极的热情去探索人际关系的时候，他们一般都会很顺利地度过人际关系的敏感期。所以，当孩子处于人际关系敏感期时，家长一定要给予他们足够的自由，让他们感觉到自己强大的力量。

● 给孩子精神上的支持

> → 总是去侵犯别人的孩子，其内心的自我形象是非常弱小的
> → 孩子内心的强大，需要父母足够的精神支持

在孩子们交往的过程中，产生摩擦是在所难免的事情。因此，家长们常常会产生这样的疑问："孩子在幼儿园总会受到别人的欺负怎么办？"

当然，遇到这种情况，仍然会有一大部分家长这样教育孩子："你傻呀，他们打你，你不会打他们呀！"但家长的这种方式只会起到消极的教育效果，它不仅会使孩子对人际关系更加恐惧，而且还会影响孩子自我意识的发展，使孩子时刻都觉得自己非常弱小。

晓晓在幼儿园经常被别的小朋友欺负，但当她回家后哭着向妈妈讲述这些事情时，妈妈不但没安慰她，还总是批评她说："哭什么哭，活该，谁让你不还手呀！"

久而久之，当别人再欺负晓晓时，她不但会还手，而且还非要把对方打哭为止。当然，再后来，晓晓又学会了去欺负别人。但令晓晓妈妈没想到的是，晓晓仍然不高兴，因为她在幼儿园没有朋友。

有儿童心理专家曾提出过这样一个观点：那些总是去侵犯别人的孩子，其内心的自我形象是非常弱小的。是的，只有那些觉

得自己非常弱小的孩子，才会借助侵犯别人的方式使自己变得强大。但孩子这种自我意识的成长方式是非常不健康的。

那么，是什么因素使孩子的自我形象变弱小了呢？

其实，不管家长承不承认，家长都要对此负一定的责任。就像上述案例中的情况，也许家长认为，自己的批评可以使孩子变得强大起来。但事实却正好相反，孩子内心的自我形象不但没有变强大，反而越来越弱小。因为妈妈的批评使她对人际关系产生了很强的恐惧感，而且这种恐惧感很有可能还会伴随她的一生。

读到这里，也许有家长会这样说："但至少上述案例中那位妈妈的教育方式，使孩子不再受别人的欺负了！"

是的，孩子懂得了还手，懂得了去侵犯别人，她不会再受他人的欺负。但孩子为此所付出的代价是惨痛的：她会产生人际关系恐惧感、她内心的自我形象会变得非常弱小……更重要的是，在人际关系恐惧感的影响下，她不会交朋友，她对人与人之间关系的探索会提前结束。如果一个孩子在人际关系敏感期没有学会如何交朋友，那家长们也不要指望他们能在将来的人际关系中如鱼得水。

那么，家长应该如何对待孩子在交往中产生的矛盾，才能帮助他们顺利地度过人际关系敏感期呢？

一位家长这样总结经验：

在幼儿园里，女儿最怕一个名叫钊钊的小女孩，因为她总是欺负女儿。一天，女儿的脸上又挂着彩回家了，不用问，她又被钊钊欺负了。把女儿的情绪抚慰平静了之后，我把事先准备好的零食拿出来，对女儿说："明天把这些好吃的送给钊钊，也许你们很快就会成为好朋友。"

第二天下午，当我去接女儿时，女儿一见到我就高兴地说：

"妈妈,我和钊钊快成为好朋友了,她说她明天也给我带好吃的!"

一般来讲,家长不应该过多地参与到孩子的人际交往中,因为这常常会打乱孩子对人际关系的自然探索。但当孩子遇到自己解决不了的交往问题时,家长就可以及时地为他们提供帮助了。就像上述案例中家长的做法,当女儿常常因为自己被别人欺负而伤心时,家长为她提出了这样的建议:用食物向对方表达好感,化"敌"为友。这一年龄段的孩子都是非常简单、纯真的,食物对他们有很大的吸引力,所以,这位家长的建议很科学。当然,家长除了建议孩子送别的小朋友零食之外,还可以建议孩子与别的小朋友一起玩玩具、做游戏等,这些都是促使孩子与别的小朋友关系融洽的好方法。

孩子遇到交友难题时,家长要提出建议,
更重要的是给予精神上的支持

当然，在孩子遇到交往难题时，除了给孩子提建议，家长还要想办法给孩子精神上的支持，使孩子充满信心地去处理这些难题。

一位家长这样总结经验：

一天早晨，我正想往女儿的小书包里装零食，女儿却一边拉上自己小书包的拉链，一边对我说："妈妈，我不想给小朋友们分零食了，我想留在家里自己吃。"

我不知道女儿为什么会这样说，但我仍然同意她的决定，并对她说："这些零食是妈妈给你买的，你自己做主吧。"

突然，女儿问道："妈妈，是不是自己的东西自己就可以做主？"

我很认真地点点头。

"可我们班有个小朋友却这样说：'你不给我零食，我就打你。'所以我不想把零食带到幼儿园里去了。"女儿有些伤感地说。

我知道女儿遇到交际难题了，而且她还在逃避问题。于是，我用尽量轻松的语气对她说："你可以这样对那个小朋友说：'你要是打我，我更不给你零食吃'。"

看女儿没有反应，我继续对她说："要不要分享零食是你的权利，不管你做什么决定，妈妈都支持你！"

女儿笑了，她很快就改变了主意，并对我说："妈妈，你还是给我带两块巧克力吧，如果那个小朋友再威胁我，我就不给他吃；但他要是不威胁我，我就给他一块。"

是的，在很多时候，孩子需要的是精神上的支持。在幼儿园受到别的小朋友的威胁和欺负，也许刚开始时他们感觉害怕和不知所措，但如果得到家长精神上的支持，他们就会觉得自己很强大，在这种情况下，孩子一般都会知道如何去面对这些问题。

就像上述案例中的情况，在幼儿园受到别的小朋友的威胁后，孩子选择用逃避的方式来避免冲突。但在得到家长的精神支持后，孩子改变了主意，因为她真正意识到了自己的权利——要不要分享零食是自己的权利。在这种情况下，即使再有小朋友威胁她，她也不会害怕了，因为她已经想到了维护自己权利的方法。

由此我们也可以这样说，如果家长能够给予孩子足够的精神支持，那孩子内心的自我形象就会变得日益强大。在这种情况下，孩子很快就会顺利地度过人际关系的敏感期。

第五章

学习的敏感期

到了五六岁这一阶段，孩子成长的迹象越来越明显了：

他们会煞有介事地读书写字；

他们会要求家长出数学题给他们做；

他们还学习着妈妈的样子做饭、打扫卫生；

他们甚至还跟大人讲起了自己的权利；

……

面对孩子的这些行为，家长有时会觉得他们可笑：

"大字不认识几个还假装读书！"

"人不大，嘴里的'权利'却不少！"

当然，家长有时也会觉得厌烦：

"他哪里是帮我做家务，分明是在给我添乱！"

"她经常把那些糖纸当成宝贝，真不知道她是怎么想的！"

……

作为家长，这些都是我们最真实的感觉，但我们绝不可因此而嘲笑或指责孩子，因为孩子这些怪异行为的背后，都隐藏着一个敏感期：

喜欢假装读书，是因为他们进入了阅读的敏感期。在这一敏感期，如果家长及时地给孩子提供合适的书籍，并用正确的方式引导他们去阅读，那阅读很有可能就会成为孩子一生的好习惯。

　　喜欢维护自己的权利，是因为他们进入了社会规则的敏感期。在这一时期，如果家长懂得尊重孩子，并时常向孩子传达一些正确的规则，那孩子的规则意识就能得到健康快速地发展。

　　……

　　在本章中，我们将详细为您介绍孩子在 5~6 岁左右会出现的敏感期。

1 阅读和书写的敏感期

一位幼儿园老师在教学日志里这样讲述：

今天，我带孩子们去参观小学，因为走路的时间有点儿长，所以回来之后，我便让孩子们去自由休息。

但接下来的这个场景却令我非常感动，一个叫做小迪的5岁女孩刚回到教室就拿起一本书来阅读，刚开始，她是非常小声地读，但渐渐地，她的声音盖过了孩子们嬉笑打闹的声音。

也许是受到了小迪的感染，也许是被小迪的认真精神感动了，其他的孩子也都自发地拿起书阅读起来。

走了很长时间的路，难道这些孩子不累吗？为什么他们不休息一下，而是自发地读书呢？

在阅读敏感期，孩子对书本有一种特别的感情

其实，上述案例中的小迪是进入了阅读的敏感期，且在她的感染下，其他的孩子也自发地读起书来。对于处于阅读敏感期的孩子来说，读书就是休息的一种方式。就像其他敏感期一样，在阅读敏感期，孩子会对书本有一种特殊的感情，他们常常会乐此不疲地阅读。

一般来讲，孩子的阅读敏感期可分为两个阶段：第一个阶段是他人阅读阶段，即在孩子3岁左右时，由于孩子还不识字、还没有熟练地掌握语言，他们常常要求成人读书给他们听；第二个阶段是自己阅读阶段，即五六岁时，这一年龄段的孩子认识了一定的文字，已经能够阅读简单的图画书了。

家长们可不要小看孩子的阅读敏感期，孩子以后的阅读态度以及对图书的看法，往往就从这一时期开始形成。

一位家长曾这样讲述：

从儿子3岁开始，我每天都会拿着书认真地为他读一个故事，或者为他解决一个问题。例如，如果孩子问我："为什么月亮有时候是圆的，有时候却又是弯的？"我就会拿出《百科全书》或《十万个为什么》，照着书给他"读"（其实很多时候我都是用自己的语言，把答案用生动、有趣的话"读"出来，这样更有利于孩子的理解）。结果，儿子养成了一个很好的习惯，每当有通过思考也解决不了的问题时，儿子很自然地就会向书本求救。

当然，儿子最令我感到骄傲的习惯还要数这个——他每天晚上睡觉前，都要"阅读"20分钟的书。

对于任何一个孩子来说，阅读都是使他们受益一生的好习惯。但孩子这种好习惯的养成往往要追溯到他们的童年时期：在童年时期，他们对书本的认识是怎样的；在童年时期，他们对书本的兴趣是否很好地延续了下来……就像上述案例中的情况，在孩子小的时候，遇到不明白的问题时，家长就引导孩子向书本求救，这就在无形之中向孩子传达了这样一种观念：书本是神圣的，它能帮助我们解决很多问题。

拿着故事书为孩子读故事，可以成功地把孩子的兴趣引导到阅读上

当然，更重要的是，家长的坚持让阅读成了孩子的一种习惯。在孩子小的时候，相信每位家长都有为孩子讲故事的习惯，其实，家长与其为孩子讲故事，不如拿着故事书为孩子读故事，这样就可以成功地把孩子的兴趣引导到阅读上。当孩子不读书就感觉别扭时，就说明阅读已经成了孩子的一种习惯。

孩子书写的敏感期与阅读的敏感期一样，在这个敏感期里，孩子会乐此不疲地书写。当然，在很多时候，孩子所写的内容常常不规范，但家长的鼓励和欣赏是孩子的书写兴趣延续下去的动力。

具体来讲，在阅读和书写的敏感期，家长可以通过以下几种方法帮助孩子养成良好的习惯：

● **阅读敏感期——在孩子很小的时候就有意识地为他们读书**

→ 早一点儿接触书籍，孩子的阅读敏感期才会早一点儿到来实际上，当孩子总是学着成人的样子"假模假样"地读书时，或者总是要求别人为他们读书时，就说明他们进入了阅读的敏感期。

一般来讲，孩子阅读的敏感期会出现在4岁半至5岁半之间，当然，这也不尽然，阅读敏感期出现的早晚与孩子所处的环境有很大的关系。如果孩子从小就没有或很少接触书籍，那孩子的阅读敏感期往往不会出现，或出现得很晚；但如果在孩子很小的时候，家长就有意识地为孩子读书，那孩子的阅读敏感期很可能就会提前出现。

这就是阅读敏感期与其他敏感期的最大不同点，例如，当孩子到了一定年龄，他们就会进入秩序的敏感期，这时，家长往往通过孩子的一些特殊行为就能断定他们进入了这一敏感期。但阅读的敏感期却不同，它需要家长为孩子提供相应的环境刺激，才能被激发出来。

所以，要想让孩子尽快进入阅读敏感期，在孩子很小的时候，家长就应该有意识地为他们读书。

要让孩子尽快进入阅读敏感期，在孩子很小的时候，家长就要有意识地为他们读书

提到为孩子读书,最令家长头痛的就是书籍的选择问题。其实,为孩子选择适合阅读的书籍也是很有学问的。

一位家长这样分享经验:

最近,女儿狂热地喜欢上了读书,只要一有空闲时间,她就拿着书追在我的屁股后面说:"妈妈,读书,读书……"

看到女儿对读书这样"痴迷",又想到女儿身上的那些坏习惯,一条妙计立刻涌现在我脑海中。

一次在书店里,我偶然发现一套"小熊布迪"系列的书不错,讲的都是一些培养孩子生活习惯的故事。于是,我把这套书买来给女儿读。

其中一本中有这样一个故事:小熊布迪最怕洗头,因为他怕洗发水会流到眼睛里,但熊妈妈却想出了这样一个办法:每当给小熊洗头时,都会为他带上一个潜水镜,这样小熊不仅不怕洗发水会流到眼睛里了,而且还觉得非常好玩,从那之后,小熊布迪就喜欢上了洗头。

刚开始女儿也非常不喜欢洗头,每次洗头时她都会又哭又闹。但当我为女儿准备了一个潜水镜之后,洗头却变成了她的一种乐趣,再洗头时,她都会自豪地自言自语:"我是小熊布迪,我是可爱的小熊布迪……"

我们不得不佩服那些儿童读物作者的想象力,是他们在为孩子们创造着可爱的偶像。正是在这些偶像的影响下,孩子才愉快地改掉了坏习惯,养成了好习惯。当然,更重要的是,在这一过程中,孩子的阅读兴趣也被极大地激发出来了。

所以,在孩子阅读的敏感期,家长可以选一些培养孩子良好生活习惯的图书为孩子读,或让孩子自己读。当然,除了这类图书之外,家长还可以选择一些充满童趣的童话故事给孩子读,这都能为孩子养成热爱读书的好习惯打下坚实的基础。

读到这里，也许有家长会这样说："为了使孩子养成阅读的兴趣，我一定要为他多多地读书！"

其实，在孩子阅读的敏感期，家长为孩子阅读图书的数量并不重要，重要的是孩子阅读兴趣的激发。

一位家长这样分享经验：

这段时间，儿子总是要求我给他读书，我知道，他的阅读敏感期来临了。但当孩子要求我为他读书时，我并不是有求必应，而是故意对他说："如果你今天好好吃晚饭，在睡觉之前，妈妈就会给你读两个故事。"

当然，当孩子表现良好时，我又会用阅读来奖励他。例如，当孩子很礼貌地与周围的人打招呼时，我就会这样对他说："你今天的表现很好，晚上妈妈奖励你一个故事！"

就这样，儿子对阅读的兴趣与日俱增。

是的，在为孩子阅读的过程中，如果家长有意识地运用一些"手段"，孩子的阅读兴趣就会被极大地激发出来。就拿上述案例中的情况来说，我们知道，每个孩子对奖励都有一种强烈的渴望，当家长把奖励与阅读挂上钩时，孩子阅读的欲望也就越来越强烈了。

当然，家长在运用这一方法激发孩子的阅读兴趣时，也要特别注意这样一点，那就是要让孩子及时地尝到甜头。例如，当孩子表现良好时，回到家后，家长就应该立刻给孩子读故事。否则，孩子就会对家长的这种奖励方式失去兴趣，反而不利于孩子阅读兴趣的激发。

● **书写敏感期——让孩子体会到成就感**

> → 孩子的乱画，就是写字
> → 嘲笑和指责，让孩子放弃再次书写

一位家长曾这样讲述：

一天，我看到她学着我的样子坐在书桌旁，像是在认真写着什么。我凑过去一看，她立刻自豪地对我说："妈妈，你看我写的字漂亮吗？"

我真是无言以对，因为女儿哪里是在写字呀，她分明是在乱画。看我没有对她的作品做出评价，女儿有些失望，但她很快就调整好了自己的状态，然后自言自语道："我还要写更多的字！"

看着女儿那股认真劲儿，我哭笑不得！

在书写敏感期，孩子的乱画也是写字

是的，在成人眼中，孩子把乱画称为写字，这是非常荒唐的一件事情。但实际上这是孩子在书写敏感期的一种正常表现。一般来讲，孩子的绘画敏感期与书写敏感期是同时来临的，在这一时期，孩子不停地握着笔写着、画着，但他们所写、所画的内容无非是一些乱线团、黑点、黑球等无意义的内容。家长不要为孩子的这一行为感到奇怪，这是孩子刚刚发现的一种全新的表达方式，他们正在体验书写的乐趣。

渐渐地家长就会发现，孩子所写的内容很快就有了实际意义，刚开始是简单的字母"a、o、e"，简单的数字"1、2、3"，接下来又是一些简单的汉字……一般来讲，当孩子到了五六岁时，他们的书写兴趣会达到高峰。

那么，家长应该如何帮助孩子顺利地度过书写敏感期呢？

一位家长这样分享经验：

一天，我下班回家后，5岁的女儿兴奋地拉着我来到她的卧室，然后高兴地对我说："妈妈，你看我会写自己的名字了。"我一看，女儿把自己的名字歪歪扭扭地写在了卧室的墙上，还可以看到很多修改过的痕迹。看着白白的墙被女儿涂得乱七八糟，我没有批评她，而是故意装作惊讶的样子表扬她说："写得多工整呀，你一定修改了很多次吧！"

女儿自豪地说："是的，妈妈，你看，我把这个字写得又大又好，我是专门写给你和爸爸看的！"

我庆幸自己没有朝女儿发脾气，但为了使女儿以后不再在墙上写字，我这样对她说："可惜了，这么好的字爷爷奶奶却看不到。"

女儿想了想，也发愁地问我："妈妈，那该怎么办呢？我也想让爷爷奶奶看到。"

"这样吧，以后你把所有的字都写在纸上，这样妈妈就可以拿给爷爷奶奶看了。"我很自然地说。

"好主意！"女儿兴奋地跳了起来，从此写字的热情更为高涨了。

刚刚学会写字的孩子都会因为自己掌握了书写的能力而感到自豪，所以，不管在哪个场合，他们都会兴奋地展示自己的这一能力。于是，他们走到哪里就写到哪里，家里的白墙上、小区的石桌上……到处都可见他们的"墨迹"。很多家长常常把孩子的这一行为称为破坏行为，看到孩子把家里的白墙涂得乱七八糟，常常会严厉地批评孩子。但在这里，需要指出的是，家长这种严厉的批评制止的不仅是孩子的破坏行为，更重要的是孩子对书写成就感的体验。孩子刚刚学会写字，他们最渴望得到的就是家长的赏识，如果在这个时候，家长给予孩子的却是批评，那接下来孩子的书写热情还会像先前那样高涨吗？

所以上述案例中家长的做法非常科学，看到孩子在墙上写的字，她没有批评孩子，而是先表扬孩子认真写字的精神，然后再引导孩子把字写在纸上。这样，孩子既体会到了书写的成就感，又不会再继续这一"破坏"行为了，所以这一做法起到了一举两得的功效。

除了不能批评孩子的"破坏"行为之外，为了不使孩子的书写积极性受到打击，家长也不能对孩子书写的内容指指点点。"你写的这是什么字呀，歪歪扭扭的，像虫子在爬一样"，"跟你说多少遍了，要把字写工整，你怎么就是不听呢"……家长的这种嘲笑和指责，常常会使孩子的书写积极性受到很大的打击。孩子在任何一个敏感期都是很脆弱的，当孩子觉得自己的自尊受到伤害之后，他们往往就会拒绝再次书写，那他们的书写敏感期常常就会就此结束。可想而知，家长这种嘲笑和指责的态度将会对孩子的一生产生多么大的影响！

家长想让孩子的书写兴奋持续更长时间，
要让孩子体会到书写的成就感

在任何时候，聪明的家长都善于用孩子的优点帮助孩子去改正缺点。

一位家长常常为孩子写字太潦草而烦恼，就是因为这件事情，他没少批评孩子，但孩子的这种坏习惯就是改不掉。经历了多次失败之后，这位家长决定改变策略。当再次看到孩子的生字本时，没有指责孩子，而是指着其中一个字对孩子说："你看，这个字写得多工整呀，你写这个字的时候一定下了不少功夫吧！"

孩子有些惊讶又有些激动地看着家长，从那之后，孩子生字本上几乎所有的字都写得非常工整了。

如果家长想让孩子的书写兴奋持续得更为长久，就要通过鼓励的方式让孩子体会到书写的成就感。

上述案例中家长后来的做法就非常科学，他不是去指责孩子书写的缺点，而是让孩子发现自己书写的优点，这样，孩子就体验到了书写的成就感，他的书写兴趣自然越来越浓厚了。

2 数学敏感期

提到数学敏感期,很多家长常常这样说:"我家孩子2岁大时就能从1数到20了,他的数学敏感期在2岁时就已经出现了。"

其实,孩子会数数并不代表他们就进入数学敏感期了,在大多数情况下,会数数与孩子的数学敏感期之间没有必然的联系。

一位幼儿园老师曾做过这样一个试验:

他找了几个2岁的孩子,他们基本上都能从1数到20或30。老师问这些孩子:"9个苹果多还是8个苹果多?"几乎所有的孩子都回答说:"9个苹果多。"

他再问:"8个苹果多还是9个苹果多?"这回孩子们的回答就出现了差异,有的孩子说"9个苹果多",有的孩子说"8个苹果多"。

换了很多种方式,这位老师接着问:"8个苹果少还是9个苹果少?""6层楼高还是7层楼高?"……到最后,几乎所有的孩子都被搞糊涂了。

因此,老师得出了这样一个结论:2岁的孩子仅仅会数数,但他们根本不懂得数字之间的关系。

孩子会数数与他们进入数学敏感期之间并没有必然的联系。其实,确切来讲,大多数孩子是在4岁左右开始进入数学敏感期的,在5~6岁时,他们对数学的求知欲望会达到高峰。

读到这里,也许有家长会问:"会数数并不代表孩子进入了数学敏感期,那孩子进入数学敏感期的标志又有哪些呢?"

进入数学敏感期的孩子会对数学产生很大的兴趣

一般来讲,进入数学敏感期之后,孩子常常会有以下几种表现:

1. 开始探索数字之间的逻辑关系

在4岁之前,几乎所有的孩子都会数数了,但这时,孩子仅仅是把数字这种符号当成一种玩具,他们并不了解数字之间的逻辑和联系。关于这一点,最明显的标志就是,孩子在数数时经常出现错误,例如,数到49时,孩子会忽然跳到80。由此我们也可以看出,在这一年龄段,孩子眼中的数字仅仅是一种彼此毫无联系的符号而已。

但进入敏感期之后,孩子突然对数字之间的关系和逻辑产生了很大的兴趣,他们开始在生活中探索数字之间的联系了。

一位家长曾这样说过:

这段时间以来,儿子忽然迷上了"点人头"这个游戏。有时,儿子故意把自己关在房间外,然后从门缝里对我们说:"妈妈,你们一共是4个人。"这时,我就会故意问他:"如果奶奶去了卫生

间，屋里还剩几个人呀？"

"3个。"

"那当你也走到房间里来，屋里一共有多少人了呀？"

……

当我停止提问时，儿子就会晃着我的胳膊说："妈妈，你再问我，你再问……"

由这位妈妈的讲述我们可以看出，这个孩子对数学的兴趣已经不仅仅限于数数了，他开始忙着探索数字之间的联系。在这个时候，家长再问他类似于"8大还是9大"这样的问题，相信孩子就能不假思索地说出正确答案。

2. 迷恋上做加减法

孩子一旦发现数字之间存在逻辑关系之后，就会不停地去探索这些关系。

一位家长这样讲述：

以往，儿子知道1加2等于3，但当我问他100加200等于多少时，他就会很迷糊，因为即使把全家人的手指和脚趾都用上，儿子也算不出来。但当儿子到了5岁左右时，他的这一情况有了很大的改观。

一次吃饭时，儿子又问我："妈妈，1盘菜加3盘菜等于多少盘菜呀？"

"当然是4盘菜了。那你知道100盘菜加300盘菜等于多少盘菜吗？"

"当然是400盘菜了，这么简单的问题难不倒我的！"儿子自豪地说，但说完之后，儿子又陷入了沉思，然后自言自语地说："这么多盘菜得放在多大的桌子上呀！"

做加减法是探索数字之间联系的最好方法，所以在了解了数字之间存在联系之后，孩子会乐此不疲地通过加减法来感受数字之间的联系。当然，刚开始时，孩子对数字之间的联系并不熟悉，他们常常会借助手指或脚趾的帮忙才能计算出结果。但随着孩子对数字之间关系了解的更加深入，用不了多长时间，孩子很快就会摆脱手指和脚趾，通过口算就能进行简单的计算了。

3. 对分类和组合产生很大的兴趣

我们都知道，分类和组合能力也属于数学能力的一种。其实，在数学敏感期里，孩子的这一能力也已经表现出来了。细心的家长都会发现，孩子在整理自己的玩具时，常常会把自己的玩具分为很多类：图书类、汽车类、积木类等。家长们常常把孩子的这种分类能力归功于他们的秩序感，当然，这与孩子的秩序感也有一定的联系，但这主要体现的还是孩子的分类和组合能力。

家长们可不要小看孩子的这种能力，如果家长能够适时对孩子的这种能力进行引导，那这就会转化为孩子的一种非常出色的数学能力。

一位家长曾讲述了这样一件事情：

一天，我问儿子："5加6等于多少？"

儿子头也不抬地回答："11。"

我又问他："那5辆汽车加6辆坦克等于多少？"

儿子抬起头迷惑不解地看了看我，又低下了头。我觉得这是孩子不感兴趣的表现，便去忙自己的事情了。没想到20分钟过去了，儿子找到我，认真地对我说："妈妈，我知道了，5辆汽车加6辆坦克等于5辆汽车和6辆坦克。"

我惊奇地看着儿子，问他："为什么是这个答案呢？"

"因为老师说过，不同的东西是不可以相加的。我不知道汽车和坦克是不是属于同一个东西，所以想了半天。最终我觉得汽车和坦克是不属于同一个东西的，所以才得出了刚才的答案。"儿子很自信地说。

一般来讲，物体的归类和集合这个概念到初中时才会学习。但上述案例中的情况，在孩子数学的敏感期，因为老师及时地向孩子灌输了分类的概念，所以孩子很早就掌握了这一概念。

所以，当孩子了解了数字之间的联系之后，家长不妨利用与孩子整理玩具的机会，或通过与孩子玩分类游戏的机会，及时地让孩子掌握分类的概念。

● 通过实物让孩子了解数与数之间的关系

> → 孩子的数学概念大多是通过实际的操作而获得的
> → 做加减法不再依靠手指和脚趾，意味着孩子对"数"的理解已更深入

一位妈妈讲述了这样一件事情：

一天，我和5岁的女儿在楼下的便利店买东西，我忽然发现自己没有带钱，而且手机也没有带。于是我对女儿说："宝贝，上楼去找爸爸要6块钱，我们买4块钱的雪糕和2块钱的馒头。"

女儿很迷惑地问我："到底是6块钱还是4块钱？"

我继续给她解释道："我们买4块钱的雪糕和2块钱的馒头，所以一共拿6块钱下来就可以了。"

女儿很高兴地说："我知道了。"但没过一会儿，她又气喘吁吁地跑来问我："妈妈，拿了6块钱，4块钱还拿不拿？"

我无奈地对她说："4块钱不拿了，你只要拿下来6块钱就可以了！"

"为什么呀？"女儿一脸不解地上楼去了。

最终，女儿还是拿下来10块钱。

看完这位家长的讲述，很多家长也许会这样说："这个孩子为什么这样不开窍呢？"其实，并不是孩子不开窍，而是她对数与数之间的组合概念还不是很清楚，确切地说，是因为她的数学敏感

期还没有到来。

其实,即使孩子进入了数学敏感期,家长仅仅通过语言来教孩子理解数与数之间的组合也是不够的。就像上述案例中的情况,无论家长说多少遍,孩子仍然不能理解4块钱加2块钱等于6块钱这个概念。但如果家长拿着4张一块的钱和2张一块的钱,让孩子实际来操作,那孩子很快就会了解4块钱加2块钱一共是6块钱这种数与数之间组合的概念了。

由此我们不难看出,孩子的数学概念大多是通过实际的操作获得的。所以,当孩子处于数学敏感期时,家长要给他们提供大量的实物供他们操作,这样,孩子对数与数之间的组合及其关系才会有更深入的了解。当然,家长还可以利用生活中的场景培养孩子的能力,例如,在吃饭时,家长可以这样问孩子:"如果我们家再来2位客人,那我们家里一共有多少人呀?""2碗饭加上3碗饭是多少碗饭呀?"……

此外,为了使孩子对数的概念更加深入,家长也可以让孩子来分解数,以培养他们的逆向思维能力。

一位家长这样总结经验:

当儿子会做简单的加减法之后,我便试着让他做数的分解题。我给他2个苹果,然后对他说:"2个苹果可以分成两份,你一个,妈妈一个。那4个苹果应该怎么分呢?"为了配合孩子,我把4个苹果放在他的面前。

儿子想了半天,才像突然醒悟似的对我说:"妈妈2个,我2个。"

"那6个苹果呢?"

"妈妈3个,我3个。"

……

看到儿子开窍了,我决定稍微改变一下形式,于是我这样对

他说:"桌子上有10个香蕉,你和小表哥都想吃,你们应该怎么分呀?"

这次我没有拿真正的香蕉让他操作,但儿子想了一会儿便这样对我说:"我分4个,小表哥分6个,我小,吃不了那么多,让小表哥多吃点儿吧。"

这次,我相信儿子在数学方面是真的开窍了。

逆向思维也是孩子很重要的一种数学能力,当孩子既能够用正向思维进行数的加减法,又能够用逆向思维进行数的分解时,就说明孩子对数的认识更加深了一步。

是的,当孩子对数的理解越来越深入时,他们很快就能摆脱实物,仅仅依靠自己的逻辑思维就能随意地进行数的组合和分离了。在这一时期,孩子最明显的标志就是,做加减法时不再依靠手指和脚趾。当然,这也表明孩子的数学逻辑又提升了一大步。

● 耐心等待孩子数学敏感期的出现

> → 强迫学习,让孩子一见数学就"头疼"
> → 数学敏感期出现得晚,但孩子数学能力发展的速度却不一定慢

一位家长曾这样抱怨:

我家女儿都快6岁了,马上就要上小学了,但现在她对数学一点儿也不感兴趣,连最基本的加减法都不会做。我曾动员全家人教她学习数学,但她就是不肯学,真是愁死人了!

读完这位家长的讲述,很多家长也都急切地想知道这样一个问题:"孩子的数学敏感期到底在几岁时出现?"

其实,确切来讲,任何敏感期都是这样,它在什么时候出现,取决于孩子自身。就拿数学敏感期来说,有的孩子3岁半时就出现了,而有的孩子到了5岁多还没有出现,这些都是很正常的现象,

因此家长需要做的就是耐心地等待。

也许很多家长会持反对意见："孩子马上就要上小学了，但他对数学一点儿也不感兴趣，我们能不着急吗？又如何能做到耐心等待呢？"

我们都理解家长这种焦急的心情，但如果家长因为焦急而强迫孩子学习数学的话，那就大错特错了。在小学和中学时期，有很多孩子常常会说这样的话："我一做数学题头就痛！"为什么会出现这种现象呢？

这个问题的根源往往要追溯到孩子的童年时期。如果孩子对数学不感兴趣，家长强迫孩子去学，那孩子对数学就越来越不感兴趣，甚至还会产生反感，在这种状态下，孩子的数学敏感期也许永远也不会再出现。这就是孩子"一做数学题就头痛"的真正原因。

每个孩子的成长都是有其内在规律的，家长只有尊重这些规律，孩子才会健康快乐地成长。所以，当孩子的数学敏感期迟迟不肯出现时，家长绝不可强迫孩子，而应该拿出自己足够的耐心来等待。

读到这里，很多家长又会担心了："孩子的数学敏感期来得这样迟，会不会影响孩子数学能力的发展呀？"

实际上，孩子的数学敏感期出现时间相差1年至2年，都是很正常的，不会影响孩子数学能力的发展。孩子的数学敏感期出现得晚，但他们数学能力发展的速度却不一定慢。

一位家长曾这样讲述：

一个月之前，我5岁多的女儿还对数学一点儿也不感兴趣，但有一天，她却忽然要求我教她学习加减法。我用家里的水果做教具给她演示加法和减法，她学得非常认真，很快，借助这些水果，她学会了10以内的加法和减法。

接着她又要求我教她更难一点儿的数学题,例如,多个数相加、利用算式来计算10以上的加减法等。我开始怀疑,之前孩子的数学敏感期迟迟不肯出现,是不是正在为今天的爆发积蓄力量?

是的,对于那些数学敏感期早早就出现的孩子来说,虽然他们很早就会算简单的加减法了,但由于他们的逻辑思维能力还很有限,所以他们暂时不会很快去探索那些有些难度的数学题目。但如果孩子的数学敏感期出现得晚,由于这时他们已经具备了一定的逻辑思维能力,所以他们很快就会过渡到对那些较难题目的探索方面。

就像上述案例中的小女孩,一个月之前,她对数学还一点儿也不感兴趣,但一个月之后,也许她就开始有兴趣探索那些较难的数学题目了。但如果在一个月之前,她的家长因为等不及而强迫她学习数学,那一个月之后也许就会有截然不同的结果出现——她很可能就会对数学产生反感。所以,要想让孩子的数学能力得到顺利发展,家长一定要拿出足够的耐心来。

3 绘画和音乐的敏感期

曾有教育学家这样说过：如果孩子在 6 岁之前没有握过画笔、没有接触过音乐，那孩子的艺术天赋很有可能会就此泯灭。

很多家长常常会对这句话持怀疑态度，但值得家长们注意的是，这句话里包含着很强的科学性。确切来说，在 6 岁之前，孩子要经历一个绘画和音乐的敏感期。也就是说，在这个敏感期里，往往不用家长过多引导，孩子就会自己拿起画笔，随心所欲地画画，随着音乐翩翩起舞。所以，如果家长在这一时期让孩子接触绘画和音乐，常常会产生事半功倍的效果；但如果孩子错过了这一敏感期，那在孩子以后的人生中，他们很有可能对绘画和音乐再也提不起兴趣。也可以这样说，孩子在绘画和音乐的敏感期所受的教育，是他们踏入艺术之门的基础。

那么，在这一敏感期，家长应该如何对孩子进行教育呢？

一位家长曾讲述了这样一件事情：

女儿 4 岁那年，突然对画画产生了很大的兴趣，平时她不是在茶几上乱画，就是在墙上乱画，为此她没少挨批评。

一次，我指着她画的一幅画问她："这画的是什么呀？"女儿认真地对我说："这是一个人，你看，这是她的头发，这是她的眼睛，还有身子……"看着女儿那股认真劲儿，我笑得腰都直不起来了。笑过之后，我继续问她："你看过脸长得像太阳的人吗？你见过长得像一颗黑球的眼睛吗？更可笑的是，这个人竟然只有一只眼睛……"评完女儿的画之后，我认真地教她："妈妈告诉你，

人应该这样画……"但女儿却把画笔一扔，哭着跑回了自己的房间。从那之后，无论我怎么哄她，女儿都不肯再画画了。

大多数孩子的绘画敏感期就是这样泯灭的。进入绘画敏感期的孩子有很强的创作欲望，他们往往不分时间、不知疲倦地画画，所以在这一时期，家长要理解孩子的行为。当孩子在家里的墙上"即兴创作"时，家长不要批评孩子，而要及时地给孩子提供纸与笔，引导孩子在纸上作画。

当然，在上述案例中，最使孩子受打击的教育方式还要数家长对孩子作品的嘲笑。孩子虽然小，但也是有自尊的，即使孩子的创作欲望很强烈，当自尊心受到打击之后，他们的创作欲望也会骤减。当然，家长的嘲笑还有可能使孩子产生更可怕的行为，那就是从此不肯再握画笔。

读到这里，也许有家长会这样说："当孩子进入绘画敏感期之后，我就及时地给他指出缺点和不足，并手把手地教他，那孩子一定会学有所成。"

其实，家长的这些观点都是错误的。孩子的绘画敏感期需要足够的自由才能向前发展。一般来讲，孩子的绘画敏感期要经历这样几个自由发展的阶段：

1. 乱画阶段

在1岁多时，孩子就会拿起笔来乱画，这时我们会发现，孩子画的无非是一些线团或小圈圈之类的东西。其实，在这一阶段，孩子对画什么并没有太大的兴趣，他们的大部分注意力都放在了握笔这一行为上面，因为他们惊奇地发现，原来笔也可以用来表达自己。

2. 真正进入绘画状态

大约到了2岁多，孩子就真正进入了绘画状态，但由于他们的认识能力还很有限，在这一时期，孩子的绘画作品常常会表现为一些抽象的符号。

在这一阶段,孩子所画的画成人一般是看不懂的,但家长不能由此就断定孩子不懂绘画,孩子每种能力的提升都是需要家长耐心等待的。

3. 掌握形状阶段

随着年龄的增长,孩子开始能够控制画笔,能够画出一个大概形状了。例如,在他们这一阶段的绘画作品中,常常能够看到圆形、三角形、四边形等成型的形状了。对于孩子来说,这是他们能力的一次飞跃,所以他们常常会产生巨大的成就感。

但在这一阶段,家长必须注意这样一点:在这一阶段,孩子的任何一幅画都没有好坏之分,因为孩子的这些作品都是他们对世界认识的表达。但在这个阶段,孩子的视角是独特的,他们对世界的认识是整体的、宏观的,而且他们对细节并不感兴趣。所以,他们才会画出一张像太阳的脸,而且脸上没有鼻子和嘴巴,只有一只眼睛。

在这一阶段,家长最不科学的做法就是,对孩子的作品妄加评论,或者用成人的标准教孩子画画,这些都会破坏孩子的绘画天赋。

另外,对待孩子的作品,家长还要坚持这样一个原则:只可褒,不可贬。

4. 对细节观察和表达阶段

当孩子到了4岁半左右,他们的绘画水平又会面临一个新的升华。在这一阶段,孩子已经不再满足于对事物轮廓的表现了,他们开始关注事物的细节,并开始用自己的画笔表达这些细节。例如,在孩子这一时期的人物作品中,几乎每个人物的五官都是清晰的,而且他们还会把微微上翘的睫毛画出来。

到了6岁之后,孩子对绘画的兴趣会逐渐上升,他们开始用更

丰富的绘画技巧来表达他们对身边一切事物的认识。到了这一时期，孩子基本上就已经度过了绘画的敏感期。

孩子音乐的敏感期与绘画的敏感期很相似，也是一个螺旋状态的敏感期。很多家长常常持有这样的想法：如果孩子不停地画画、一听音乐就扭屁股，就说明他具有绘画和音乐的天赋。实际上，每个孩子小的时候都会表现出这些行为，他们的这些天赋是否能够被最大程度地激发出来，就要看家长后天为他们提供的环境如何了。如果孩子是在一个充满自由气氛的环境中成长起来的，那孩子的这些天赋很容易就会被激发出来；但如果在这一过程中，孩子常常会遭到嘲笑或打击，他们的这些天赋很容易就会泯灭。所以，也可以这样说，孩子的绘画天赋和音乐天赋是否能够顺利发展，主要在于家长的态度，以及家长给他们提供的成长环境。

那么，具体来讲，当孩子处于绘画和音乐敏感期时，家长应该如何做，才能使他们的潜能最大程度地发挥出来呢？

● 绘画敏感期——给孩子足够的自由

> → 从"乱画"到"会画"，家长最需要的是等待
> → 给孩子自由，一是指不限制，二是指要给予正确的引导

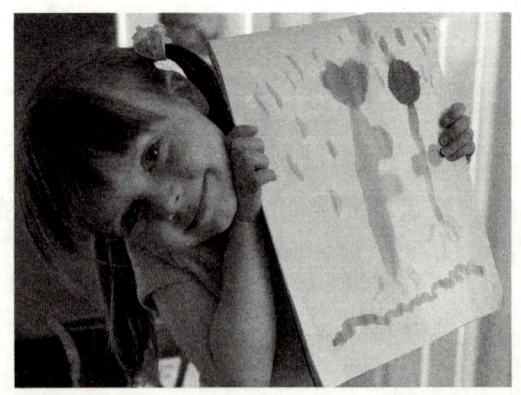

从"乱画"到"会画"，家长最需要的是等待

刚刚进入绘画敏感期，在很多时候，孩子所表达出来的创作欲望是惊人的。一位家长曾这样讲述：

前几天，4岁半的女儿突然很喜欢画画，听幼儿园的老师说，这几天她在幼儿园几乎不干别的，就是画画。看女儿这样痴迷于画画，我就买了一张简单的教绘画的光盘给她看。

那天，吃完晚饭后，女儿就一直盯着光盘在练习画画，遇到跟不上或听不明白的地方，她就把光盘倒回去或暂停。这样反反复复一直学，女儿已经画了3个小时了，眼看就10点了，我对她说："宝贝，先睡觉吧，明天再画！"没想到她却非常礼貌地说："妈妈，你先睡吧，我再画一会儿。"

是的，在很多时候，孩子所表现出来的学习热情，连成人也感到惊叹。在这种情况下，家长的态度会对孩子造成很大的影响。如果家长用支持和欣赏的态度来对待孩子，那孩子的这种学习欲望就会一直延续下去；但如果家长用不理解、不支持的态度来对待孩子，那孩子的学习欲望很有可能会就此消失。

上述案例中家长的做法很科学，即使已经到了深夜，她也没有催孩子去睡觉，而是让孩子按着内心的意愿去创作。在这种情况下，如果家长强行让孩子休息，孩子的内在需求就会得不到满足，内心就会产生痛苦感。这不仅会影响孩子的学习热情，而且还会使孩子变得狂躁多动。

由此我们可以得出这样的结论，**家长一定要遵循孩子内心的需求，让孩子尽情去释放自己的绘画天赋。**

那么，具体来讲，除了不打扰孩子之外，家长还应该如何遵循孩子内心的需求呢？

一位教育学家这样指出，家长要为孩子提供充满自由的环境，在孩子需要的时候给予必要的指导，但不要急于指出孩子的错误，或急于对孩子进行培训。

是的,孩子所有敏感期的顺利度过都需要这样一个条件,那就是——自由。有了自由,孩子就会按着自己内在的需求去创作;有了自由,孩子的内心才会变得强大,他们的创作热情才会延续……当然,家长给孩子自由,并不是指对孩子的行为不闻不问,而是应该适时给孩子必要的指导。

一位家长这样分享经验:

我家儿子从3岁半开始喜欢画画,但那时他所画的仅仅是一些线团、一些实心的圆球,总之,我看不出他画的是什么内容。但我从来不打击他,而是耐心地听他给我讲解他的"画"。

渐渐地,儿子能够画出事物的大概轮廓了,例如,他画的树有树干和树枝,但不一定有树叶;他画的花有花瓣,但不一定有花蕊……我知道这是儿子绘画技能提高必然要经历的一个阶段,我更明白,儿子这种技能的提高是需要时间的。

为了不打击孩子的积极性,我从来都是用欣赏的语言去评论孩子的画。但与此同时,我又不甘于消极地等待孩子的成长,于是,我一有机会就带孩子去接触大自然。在大自然中,我允许孩子尽情地去探索,例如,他想爬树,我就把他抱到树上去;我允许他去采各种各样的野花;允许他去捕捉蝴蝶、蚂蚱等小动物……终于,在多次与大自然亲密接触之后,儿子开始关注事物的细节了,他笔下的大树"长"出了树叶、花朵"长"出了花蕊……

是的,就像成长一样,孩子每一种能力的提升都需要等待。就拿绘画技能的提高来讲,画线团、画事物的大概轮廓、画事物的细节……这都是孩子必然要经历的阶段,所以,家长用耐心的态度等待孩子的成长,这也是给孩子自由的一种方式。

孩子的绘画之所以要经历一个画事物大概轮廓的阶段,主要原因在于他们一开始并不关注事物的细节,但如果家长给孩子提供更多的机会让孩子去接触事物、观察事物,孩子自然会关注到那些细节，在这种情况下，孩子的绘画能力自然很快就会提高。

所以，为了促使孩子能力的提高，家长在给予孩子自由的同时，给予他们及时的引导也是必要的。当然，及时的引导并不是指急于指正孩子的错误，或急于让孩子参加某种培训，而是指为了满足孩子的某种内心需求所做出的指引。

● 音乐敏感期——给孩子提供良好的音乐环境

> → 随着音乐扭屁股，并不意味着孩子具有音乐天赋
> → 强迫学习、负面评价，让孩子的天赋消失

一位家长曾高兴地这样讲述：

最近，我家3岁半的女儿突然对音乐来了兴趣。不论在什么地方，只要一听到音乐，她就会放下手中的玩具，和着音乐声，高兴地扭起她的小屁股。女儿对音乐如此敏感，是不是说明我家女儿有音乐天赋呀？

确切来说，每个孩子都具有音乐天赋。科学家们研究发现，当孩子还处于婴儿期时，听到音乐，他们的身体就会很自然地产生一种反应。但到了4岁左右时，孩子的这种反应会表现得更为强烈，这说明孩子进入了音乐的敏感期。

就像其他的敏感期一样，当孩子处于音乐敏感期时，如果家长顺应孩子内心的需求，让孩子去接触音乐并学习音乐，那孩子的音乐天赋往往就能最大程度地开发出来。

那么，在音乐敏感期时，家长应该如何激发孩子的音乐天赋呢？具体来讲，家长可以借鉴以下几点：

1. 不可强迫孩子去学习某种乐器

一般来讲，孩子的音乐敏感期常常会出现在4岁左右，在这一时期，孩子常常会有这些表现：身体会很自然地跟着音乐动，对

某种乐器的学习突然很感兴趣……

一位家长曾这样讲述：

最近，我家女儿迷上了弹钢琴。听幼儿园老师说，这几天她几乎都不干别的，整天呆在琴房练琴。由于家里没有钢琴，所以每天下午我去接她时，她都要认真地弹几首曲子给我听。

有一次，我把女儿从幼儿园接回来后，她竟顾不得与她爸爸打招呼，就拿着她的曲谱径直走到暖气旁。她把曲谱支起来放在窗台上，认真地在暖气片上弹起"琴"来。

看来我家女儿是真的喜欢上音乐了！

是的，在很多时候，孩子正以他们对音乐的热情，向我们传达这样一个信号：我进入了音乐的敏感期，我需要音乐。在这种情况下，如果家长及时地让他们接触音乐，常常会起到事半功倍的效果。但现实中的大多数情况却是，家长看孩子如此喜欢音乐，便想把孩子培养成音乐天才，于是便自作主张地强迫孩子去学习某种乐器。然而，家长们的这种做法却常常会起到适得其反的效果。

一位家长曾伤心地这样讲述：

看到女儿听到音乐就翩翩起舞，我觉得女儿是有音乐天赋的，于是便花了1万多块钱给她买了一台钢琴。钢琴刚搬回来时，女儿兴奋得不得了，她每天都会弹曲子给我们听。但这股新鲜劲儿没持续几天，女儿就对钢琴失去了兴趣，每当我催促她去弹琴时，她都会磨蹭着不耐烦地说："怎么又要弹琴呀！"

在音乐敏感期，孩子喜欢音乐，但并不代表家长可以强迫孩子去学习。学习音乐与学习其他知识一样，如果家长强迫孩子，那孩子不仅原先的兴趣会消失，还会对此产生反感。

就像上述案例中家长的做法，他在没有与女儿商量的前提下就为女儿买了一架钢琴，而且还总是强迫女儿去练琴，所以女儿才会逐渐对钢琴失去兴趣。

2. 给孩子提供一个充满音乐的环境

事实上,除了在孩子要求的情况下教他们音乐之外,家长最主要的是要为孩子提供一个好的音乐环境。当然,这个好的音乐环境首先要具备三大要素:

一是音乐本身。很多家长在教孩子认识音乐时,常常为孩子播放一些流行歌曲,但家长的这一做法是不科学的。一位教育学家曾这样说过:"你给孩子放多高起点的音乐,孩子的起点就有多高。"所以,家长不妨多让孩子听一些古典音乐。

当然,在音乐的敏感期,孩子对不同音乐的敏感度是不同的,他们对节奏变化比较大的音乐最感兴趣,所以,家长不妨多为他们选择一些节奏变化较大的音乐。

二是音乐设备。家长应尽可能多地让孩子接触乐器。在6岁之前,孩子是通过各种感官来认识世界的,让孩子自己摸一摸、弹一弹、吹一吹那些发出声音的乐器,不仅能够使孩子的好奇心得到满足,而且还能在极大程度上调动孩子对音乐的兴趣。

三是共同感受音乐的人。这一要素非常重要,即使孩子处于音乐的敏感期,如果他们没有音乐方面的"知己",那孩子对音乐的兴趣很容易就会消失。所以,如果孩子对某个辅导班或某种乐器的学习表现出兴趣和意愿时,家长不妨满足他们的意愿,让他们去接受专业的教育。至少在那里,老师可以成为他们音乐方面的"知己"。

3. 任何情况下都不可以打击孩子

一位成年人曾这样讲述:

我小时候非常喜欢音乐,每当电视里放音乐时,我都会跟着音乐哼哼。

但那时候父亲常常开我玩笑,每当我唱歌时,父亲就会这样对我说："别唱了，你唱歌就像鸭子叫一样难听。""别唱了，再唱把狼都引来了。"……久而久之，我也认为自己唱歌很难听，从此，我几乎不再开口唱歌了。就是现在再唱起歌来，我也总会感觉自己五音不全。

是的，即使孩子对音乐有再大的热情，他们也无法抵挡成人对他们的打击。所以，孩子的敏感期还有这样一层含义：如果家长通过某种方式打击了孩子学习的积极性，那孩子这方面的天赋很容易就会消失。

家长的嘲笑和强迫学习，会让孩子的天赋消失

具体到上述案例中的情况来说，家长的嘲笑是对孩子最大的打击，它会给孩子的整个人生都留下阴影。所以，这些小时候受到过他人嘲笑的孩子，长大后都会觉得自己五音不全。因此，即使孩子的歌唱得再难听，家长也不应该去嘲笑他们，而应该去鼓励他们。

在这里，我还要向家长们传达这样一个观念：并不是所有的孩子都能成为音乐家，因此绝不能抱着要把孩子培养成音乐家的态度去让孩子学习音乐。如果家长持有这样的态度，就会常常对孩子施加很大的压力，在充满压力的情况下，孩子无论如何也是学不好音乐的。所以，面对孩子的音乐敏感期，家长们可以这样想：**即使孩子成不了音乐家，但这段音乐学习经历也会使孩子产生良好的乐感和良好的音乐鉴赏能力，这对孩子的整个人生来说都是非常宝贵的财富。**